U0941855

名师成长书系

智能化时代中学英语教学实践研究

以初中在线课程混合式教学为例

甘磊　魏敬◎著

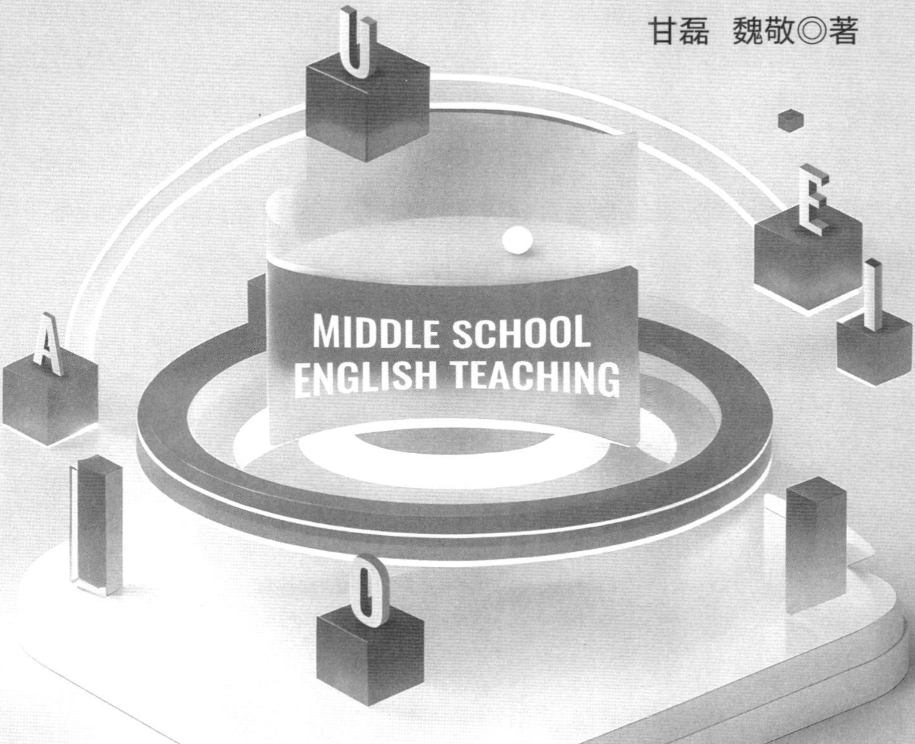

中国言实出版社

图书在版编目（CIP）数据

智能化时代中学英语教学实践研究：以初中在线课程混合式教学为例 / 甘磊，魏敬著. -- 北京：中国言实出版社，2024.3

ISBN 978-7-5171-4767-1

Ⅰ. ①智… Ⅱ. ①甘… ②魏… Ⅲ. ①英语课—教学研究—中学 Ⅳ. ①G633.412

中国国家版本馆 CIP 数据核字（2024）第 052357 号

智能化时代中学英语教学实践研究:以初中在线课程混合式教学为例

责任编辑：王建玲
责任校对：史会美

出版发行：中国言实出版社

地　址：北京市朝阳区北苑路180号加利大厦5号楼105室
邮　编：100101
编辑部：北京市海淀区花园路6号院B座6层
邮　编：100088
电　话：010-64924853（总编室）　010-64924716（发行部）
网　址：www.zgyscbs.cn　电子邮箱：zgyscbs@263.net

经　销：新华书店
印　刷：武汉颜沫印刷有限公司
版　次：2024年4月第1版　2024年4月第1次印刷
规　格：710毫米×1000毫米　1/16　14.25印张
字　数：230千字

定　价：68.00元
书　号：ISBN 978-7-5171-4767-1

前言

PREFACE

教育部制定的《义务教育英语课程标准（2022年版）》提出，要有效利用信息技术，推动信息技术与英语教学的深度融合。英语教材应配套数字学习资源，以辅助教材的使用，建立教师与教师、教师与学生、学生与学生之间相互学习和交流的数字学习平台，便于师生交流和展示学习成果，分享资源与经验。

随着科技的不断发展和智能化工具的广泛应用，智能化英语教学实践已经成为教育界的一个热门话题。通过使用智能化工具，教师可以提供更丰富、个性化和互动性强的教学内容，学生可以获得更多样化和新颖的学习体验。

智能化英语教学实践的优势有很多。首先，它可以增加学习的灵活性和自主性。学生可以根据自己的时间和节奏进行学习，通过在线学习平台或教育应用程序获取学习资源。其次，智能化工具可以提供即时的反馈和评估，帮助学生及时纠正错误，提升学习效果。此外，智能化工具还可以通过语音识别、虚拟实境等技术增强学习的沉浸感和真实性，提供更具互动性和趣味性的学习体验。

然而，智能化英语教学实践也面临一些挑战。首先，教师需要熟悉和掌握使用智能化工具的技术和教学策略，在开发与利用英语课程资源的过程中，要严把意识形态关。其次，教师要敢于突破教材的制约，充分挖掘教材以外的与教材单元主题语境相匹配的时文等资源，注意选用具有育人导向的，真实、完整、多样的英语材料。再者，教师需要进行适当的教学设计和指导，确保学生能够有效地使用智能化工具进行学习。在实践过程中，教师应该注意教学活动的设计和组织，激发学生的兴趣，提高其参与度，及时给予学生反馈和指导，以提升学生的学习效果。同时，教师也应该关注智能化工具和资源的有效性和可持续性，不断评估和调整教学实践，以满足学生的学习需求，实现教学目标。另外，教师还需要关注学生的隐私和安全问题，确保学生的个人信息不被泄露或滥用。

空中英语教室是智能化英语教学实践的典型范例。其利用先进的技术与智能化工具来支持、促进英语教学和学习的过程。空中英语教室教学实践为教师和学生提供了许多机会和挑战。通过合理利用空中英语教室这个智能化工具，教师可以提供更有效、个性化和丰富的英语教学内容，帮助学生提高英语能力和跨文化交际能力。同时，教师也需要不断学习和适应新技术的发展，确保空中英语教室智能化教学实践的有效性和可持续性。

目 录

CONTENTS

第一章

智能化时代的英语教学理论基础

第一节　认识智能化

一、智能化的概念与特点

教育领域的智能化指的是利用人工智能技术和工具改进教育过程，包括个性化学习、智能评估、虚拟助手和在线学习平台等方面，旨在为学生和教师提供更有效、便捷和个性化的教学和学习体验。

（一）智能化的特点

1. 感知能力。

智能化系统具备感知能力，这使得它们能够从周围环境中获取信息，识别和理解这些信息，并做出相应的反应。感知能力主要通过各种传感器、移动互联网、物联网等技术实现。例如，智能家居系统可以通过温度传感器感知室内温度的变化，并通过网络将数据传输到中央控制器，实现室内温度的自动调节。

2. 记忆能力。

智能化系统可以存储大量的数据和信息，并通过大数据分析技术，对数据进行处理和分析，得出有用的信息和知识。这种记忆能力使得智能化系统能够根据历史信息做出决策，并优化未来的行为。例如，电商网站可以通过用户的购买记录、浏览记录等分析用户的消费习惯和喜好，并推荐相应的商品和服务。

3. 思考能力。

智能化系统具备思考能力，这使得它们能够根据所获取的信息和知识，进行逻辑推理、判断和决策。思考能力主要通过人工智能技术和机器学习技术实现。例如，智能客服可以通过对用户问题的学习和回答，自我优化回答策略，提高服务质量。

4. 决策能力。

智能化系统具备决策能力，这使得它们能够根据所获取的信息和知识，以及预设的规则和算法，自主地做出决策和行动，实现智能化管理和控制。决策能力主要通过人工智能技术、机器学习技术和自动化控制技术实现。例如，智能交通系统可以根据路况信息和车辆信息，自主地调整交通信号灯的时间和配时，提高交通效率。

在教育领域，智能化除了具备上述几个特点外，还具备以下特点：

5. 学习能力。

智能化的技术让学习资源的获取和呈现方式变得更加多元化。例如，通过智能化的在线教育平台，学生可以轻松获取海量的学习资料，包括文字、图片、音频、视频等多媒体资源。这些资源以更生动、形象的方式呈现知识，激发学生的学习兴趣，增强他们的学习体验。AI 技术可以深度分析学生的学习习惯和能力，为其提供与之相适应的学习资源和教学方式。这种方式改变了传统教育模式下“一刀切”的教学形式，实现了真正的因材施教，从而有效提高学生的学习能力。

6. 自适应能力。

基于大数据和人工智能技术，智能化的教育系统可以分析每个学生的学习进度、能力和兴趣，为其规划出个性化的学习路径。这种路径能够根据学生的实际情况进行调整，确保学生能够用适合自己的学习节奏和方式进行学习，从而提高学习效率。智能化的教育系统能够实时收集并分析学生的学习数据，发现学生的学习困难和需求，为教师提供教学策略调整的建议。这使得教学更具针对性和实效性，能够确保学生在学习中始终保持高度的兴趣和动力，从而提升学生的学习效果。

智能化六个特点的结合，使得事物能够更好地满足人的需求，提高其生产效率和生活质量。随着技术的不断进步和应用场景的不断扩展，智能化将会在更多的领域得到应用和发展。

（二）智能化的发展脉络

智能化在教育领域的发展脉络是从数字化到网络化，再到智能化的过程。在这个过程中，各种技术的不断发展和应用，推动了智能化在教育领域的应用和发展。随着新技术的不断出现和应用，智能化将会在教育领域得到更广泛的应用和发展，为教育带来更多的创新和变革。

首先，数字化是智能化发展的基础。数字化是将现实世界的信息转化为计算机能够处理的数字信息。数字化使得信息可以更容易地被存储、传输和处理，为后来的网络化和智能化发展奠定了基础。数字化涉及各种不同的领域，如在教育领域数字化可以将传统的纸质教材、试卷等转化为电子文档，方便学生和教师进行查阅、存储和处理。数字化还可以将传统的教学方式转化为数字化教学方式，如在线课程、远程教学等。数字化不仅提高了教学效率，还可以让学生更加便捷地获取知识，同时也为后来的智能化教育打下了基础。

其次，网络化是数字化到智能化的重要一步。网络化是指不同的设备、系统、地理位置之间可以相互连接和通信。随着互联网、物联网、云计算等技术的发展，网络化已经成为智能化应用的基础。网络化可以实现数据的快速传输和共享，从而使得信息和服务的获取更加便捷和高效。网络化可以实现教育资源的共享和交流，让学生和教师通过网络获取各种教育资源，如在线课程、教学视频、学术论文等。网络化还可以实现远程管理和监控，让教育机构通过网络对学生的学习情况进行实时监控和管理。

最后，智能化是在数字化和网络化的基础上发展而来的。智能化是指事物在计算机网络、大数据、物联网和人工智能等技术的支持下，所具有的能满足人的各种需求的属性。智能化系统可以感知外部环境的变化和内部状态的变化，实现信息的实时采集和传输；可以存储大量的数据和信息，并通过大数据分析技术，对数据进行处理和分析，得出有用的信息和知识；可以通过人工智能技术和机器学习技术，对所获取的信息和知识进行学习和自我优化，从而提高自身的智能化水平和能力；可以根据所获取的信息和知识，以及预设的规则和算法，自主地做出决策和行动，实现智能化管理和控制。智能化可以实现自动化管理和个性化教学，如智能作业系统可以根据学生的学习情况自动生成个性化的作业，帮助学生更好地掌握知识；智能教学系统可以根据学生的学习习惯和需求，提供个性化的教学方案。智能化还可以实现智能评估和预测，如智能考试系统可以根据学生的答题情况自动评估考试成绩，预测学生的学习潜力。

二、智能化教育教学

智能化教育教学是指通过使用先进的信息技术、大数据和人工智能等手段，实现教学过程的自动化、个性化和平等化。它旨在提高教学质量，提升学生的学习效果，培养学生的创新能力和自主学习能力。

（一）智能化教育教学的特点

教育教学智能化是未来教育发展的重要趋势。它能够为学生提供更加个性化和高效的学习体验，同时也能够提高教育管理的效率和精度。通过使用先进的信息技术、大数据和人工智能等手段，智能化教育可以更好地满足学生的学习需求，提升学习效果，为学生的未来发展打下坚实的基础。

1. 自动化。

初中英语智能化教育教学中的自动化，不仅仅是技术的展现，更是教育变革的体现。首先，自动化体现在教学管理的优化上，通过教学管理系统的应用，教师可以轻松地完成管理学生信息、跟进课程进度、评估反馈等方面的工作，极大地提升了教学效率。其次，人工智能技术的引进使得学习评估更加准确与客观。传统的教学模式下，教师需要花费大量时间批改作业、试卷，而智能化教学系统能够实时、准确地完成这些任务，同时提供数据分析，帮助教师更好地了解学生的学习情况。此外，自动化还体现在对学生学习进程的监控上，系统能够实时跟踪学生的学习进度，发现学生的学习困难，为教师提供有针对性的教学建议，从而帮助学生及时解决学习问题。

2. 个性化。

初中英语智能化教育教学注重满足学生的个性化需求。在传统的教学模式中，学生往往被动接受同样的教学内容和方式，而智能化教学则打破这一模式。通过分析学生的学习数据和行为习惯，智能化教学系统能够准确判断学生的学习能力、兴趣和需求，为其提供个性化的学习资源和教学策略。例如，对于喜欢阅读的学生，系统会推荐适合其阅读水平的英文文章；对于口语表达能力有待提高的学生，系统将提供模拟对话、语音识别等练习功能。这种个性化的教学方式能够激发学生的学习兴趣和动力，使其更加主动地参与到学习中。

3. 平等化。

初中英语智能化教育教学为实现教育平等化开辟了新途径。智能化教学通过互联网技术打破了地域限制，使得优质教育资源得以在更广泛的范围内共享。无论是城市还是农村的学生，只要具备基本的互联网条件，都能够接触到丰富、高质量的教学资源。同时，智能化教学系统还能够平衡教育资源分配不均的现象。通过云计算、大数据等技术手段，系统可以将优质教育资源进行整合和优化配置，确保每个学生都能够获得相对平等的教育机会。这种平等化的教育方式不仅有助于缩小城乡教育差距，更能够提升整体教育质量，实现教育公平。

（二）初中英语智能化教育教学存在的问题与发展趋势

1. 存在的问题。

（1）技术应用不够成熟。

尽管智能化教育教学的概念逐渐普及，但在实际应用层面，许多学校和教师仍未完全掌握相关技术的运用。例如，一些教师可能只停留在使用基础的在线教学平台，缺乏对高级功能的了解，如数据分析、个性化推荐等。此外，部分教育机构在引入新技术时，缺乏必要的教师培训和技术支持，导致技术在实际应用中难以发挥其最大效果。

（2）数据安全与隐私保护。

智能化教育教学无疑为教学提供了便利，但同时也带来了数据安全和隐私保护的挑战。学生的在线学习行为、成绩、互动数据等都被系统记录并分析，一旦这些数据泄露或被滥用，后果不堪设想。当前，关于学生数据安全的法律法规尚不完善，教育机构和技术提供商需要更加重视数据的合规性和安全性。

（3）教育资源不平衡。

尽管智能化教育有助于实现资源平衡，但在实际中，由于经济发展、地域差异等原因，资源的不平衡现象依然存在。一些发达地区的学校可以获得先进的技术支持和丰富的教育资源，而部分偏远、贫困地区的学校则可能面临技术落后、资源匮乏的困境。

2. 发展趋势。

初中英语教学智能化发展趋势未来可期。随着技术的不断发展，智能化教学将在初中英语教学中发挥越来越重要的作用，其可以提高教学质量和效率，为学生的未来发展打下坚实的基础。

（1）个性化教学更加精准。

随着人工智能、大数据等技术的不断发展，初中英语教学的个性化程度将越来越高。智能教学系统可以根据每个学生的学习情况和需求，提供更加精准的教学方案和资源。例如，系统可以根据学生的学习进度、语言能力、兴趣爱好等方面的情况，推荐适合他们的学习资源和方案，从而更好地满足他们的学习需求，提升学习效果。

（2）智能评估系统更加完善。

未来的初中英语智能评估系统将更加完善，可以通过人工智能算法和自然语言处理技术等手段，对学生的学习情况进行多维度的评估。例如，系统可以自动批改学生的英语作文，不仅可以评估学生的语法和拼写，还可以评估学生的写作风格和思路。同时，系统还可以通过分析学生的口语练习录音，评估学生的口语表达和发音。此外，智能评估系统还可以根据学生的学习进度和成绩等情况，提供个性化的学习建议和反馈，帮助学生更好地了解自己的学习情况，及时调整学习方法和策略。

（3）智能口语互动更加普遍。

随着语音识别、自然语言处理等技术的不断发展，未来的初中英语听说教学将更多地采用智能口语互动技术。学生可以通过智能教学系统进行口语练习和听力测试，系统可以自动评估学生的口语发音和听力水平。例如，系统可以通过语音识别技术，将学生的口语练习录音转化为文字，并自动检测学生的发音和语调是否准确；同时，系统还可以通过自然语言处理技术，对口语练习的内容进行语义分析和理解，从而更好地评估学生的口语表达能力。

（4）智能化教学资源更加丰富。

未来的初中英语教学将更多地利用智能化教学资源，如在线课程、教学视频、互动课件等。这些资源学生可以通过互联网和移动设备等渠道获取，根据自己的时间和进度进行自主学习。例如，学生可以通过在线课程学习英语语法和词汇等基础知识，通过教学视频和互动课件进行听力和口语的练习。同时，教师也可以利用智能化教学资源进行辅助教学，如通过教学视频和互动课件进行课堂演示和讨论，从而提高教学质量和效率。

（5）教学管理更加智能化。

未来的初中英语教学管理将更加智能化，教师可以利用智能化管理系统进行学生的注册、选课、作业、考试等的管理。例如，学生可以通过手机 App 进行选课和查看作业，同时还可以接收教师的提醒和指导信息；教师可以通过管理系统进行学生管理、作业批改、考试成绩统计等操作，从而提高管理效率和精度。

（6）技术与教学的深度融合。

未来，随着技术的持续进步，如 5G、AI、VR 等，它们在教学中的应用将更加普及和个性化。例如，虚拟现实技术可以为学生提供模拟的英语交流场景，提高其口语实践能力。教师也将从单纯的知识传授者转变为技术的主导者和引领者，更好地指导学生学习。

（7）教育公平性的进一步提升。

随着技术的发展和政策的推动，优质的教育资源将不再局限于某一地区或学校。通过云计算、网络共享等方式，优秀的教学内容和教学方法可以在更广范围内得到传播和应用，从而进一步减少地域和经济因素对教育质量的影响。

总之，初中英语教学智能化发展还需要更多的努力和改进，需要进一步提高智能化技术的水平，增强教师和学生对智能化教学的认知，提高其接受程度。同时，还需要提供更多的技术支持，推动初中英语教学智能化的进一步发展。

第二节　英语混合式教学观

一、英语混合式教学的概念与优劣势

英语混合式教学是一种结合线上和线下面对面教学优势的新型教学模式，旨在提升学生的学习效果和积极性。这种教学模式利用互联网和信息技术，将传统的教学方式和数字化学习资源相结合，实现了教学过程的融合。

（一）面对面教学的优势与不足

1. 优势。

（1）实时互动与指导。面对面的教学方式为师生提供了直接的沟通渠道。教师不仅能够解答学生的疑问，还能够通过学生的即时反馈来调整教学策略，确保教学内容更加贴近学生的需求。实时的互动让学生感到被重视和关注，这种互动鼓励学生更积极地参与课堂讨论，从而增强学生的学习动力。

（2）提供语言输入与模仿机会。通过对话、故事等方式，教师可以为学生创建一个真实的语言环境。这对于学生理解和掌握英语的使用方法至关重要，因为语言学习最终是为了实际应用。除了语言知识，教师还可以通过面对面的方式传递文化背景和语境，帮助学生更好地理解和使用英语。

（3）提供小组活动与角色扮演等灵活教学方式。小组活动不仅可以锻炼学生的口语能力，还能培养他们的团队协作和沟通技巧，这些都是21世纪所需要的重要能力。

角色扮演为学生提供了在实际情境中应用英语的机会，这种情景模拟有助于学生更好地掌握和记忆所学知识。

2. 不足。

（1）资源限制。传统的面对面教学往往受限于时间、地点和资源。例如，学生可能只有在课堂上才能获得教师的指导，而课后则缺乏持续的学习支持。

（2）难以照顾学生个体差异。面对面的教学方式可能不太适应所有学生的学习风格和节奏。有些学生可能在课堂上感到压抑，一些学生可能需要更多的时间和资源来消化和吸收知识。

（3）技术整合不足。虽然面对面的教学有其独特的价值，但如果不与现代技术整合，可能会错过一些先进的教学工具和资源，如在线词典、教学视频等。

（二）在线学习的优势与不足

1. 优势。

（1）灵活性与自主性。在线学习允许学生按照自己的时间表和进度进行学习，这为那些有其他工作或活动的人提供了极大的方便，他们可以合理安排自己的学习时间，避免与传统课堂时间的冲突。学生不受地域限制，只要有互联网连接，就可以从任何地方访问在线资源，这为学生提供了更大的学习空间和自由。

（2）有多样化的学习资源。在线平台通常提供包括文本、图像、音频、视频在内的多媒体内容，这些内容为学生提供了多种感官刺激，有助于其更全面地理解和掌握知识。在线平台可以整合全球范围内的优质教育资源，学生不仅可以接触到本地的内容，还可以轻松获取国际间的学习材料。

（3）技术助力深度学习。利用智能技术，在线平台可以分析学生的学习习惯和成绩，为他们提供与其能力和兴趣相匹配的个性化学习建议和资源。如 AI 可以实时跟踪学生的学习进度，为教师和学生提供准确的数据反馈，这有助于学生及时调整学习策略，保证学习效果。

2. 不足。

（1）技术障碍产生负面影响。一些学生可能因为缺乏必要的技术设备或互联网连接而无法充分利用在线学习，这可能会造成学习机会的不平等。

（2）对学生自律性要求高。在线学习需要学生有很强的自律性和自主学习能力。在没有面对面教师监督的情况下，一些学生可能容易分心或拖延。

（3）人际互动不足。虽然在线平台可以提供一些社交功能，但它无法完全替代面对面的人际互动。长时间在线学习可能会导致学生感到孤独，缺乏与教师和同学的真实互动。

（4）可能存在信息过载。在线平台上大量的学习资源有时也可能成为学生的负担，他们可能会感到不知所措，不知道从哪里学起。

（三）混合式教学的优势与不足

1. 优势。

（1）助力个性化学习。混合式教学充分认识到每个学生都是独特的。有些学生可能更喜欢面对面的互动，以便更好地与教师和同学交流；而另一些学生可能更喜欢在线自学，以便按照自己的节奏和方式掌握知识。混合模式为每种学生提供了他们所需要的学习环境。通过结合在线和面对面的学习方式，学生可以根据自己的兴趣和目标定制学习路径，深入探索特定的主题或领域。

（2）扩展学习资源。混合式教学意味着学生不仅可以在课堂上获取知识，而且可以在任何时间、任何地点通过在线平台进行学习，从而获取更多的资源和学习材料。通过在线平台，学生可以轻松访问全球范围内的优质教育资源，打破了地域的限制，使学生有机会接触到更广阔的知识领域。

（3）技术与传统教学的融合。技术工具如 AI、VR 等可以为学生提供更丰富、更真实的练习、模拟和互动机会。例如，AI 可以为学生提供即时反馈，帮助他们更好地理解复杂概念；而 VR 可以模拟真实情境，帮助学生在实际应用中掌握知识。教师可以通过技术工具更精确地评估学生的学习进度和需求，从而调整教学策略，提供更有针对性的教学。同时，传统的面对面教学则可以在技术的支持下变得更高效、更生动。

2. 不足。

（1）面临技术与传统教学整合的挑战。混合式教学需要教师具备整合技术和传统教学方法的能力，这对一些教师来说可能是一个挑战，需要他们进行额外的培训和学习。

（2）需要学生自律和自主管理，这是一个难题。混合式教学要求学生能够在不同的学习模式间自如切换，并自主管理学习进度。对于一些自律性较差的学生来说，这可能是一个挑战。

（3）可能增加学习复杂性。如果混合模式没有得到很好的设计和实施，可能会导致学生学习体验的复杂性增加，如平台操作繁复、学习资源重复或混乱等，从而影响学生的学习效果和动力。

综上所述，混合式教学结合了面对面教学和在线学习的优势，但也存在一些实施上的挑战。只有当教育者充分理解和把握混合式教学的精髓，并合理整合各种教学资源时，才能最大限度地发挥其潜力，为学生提供更高效、更个性化的学习体验。

二、教学观的概念与解读

教学观是指教师对教学的认识或对教学的主张，也就是教师对教学目标、教学过程、教学对象的认识。它的形成往往受到人们教育背景、教育经验、教育理念等多种因素的影响。

从教师的角度来看，教学观主要体现在教师对教学目标和教学内容的理解和把握上。教师需要根据课程大纲和学生实际情况，制订具体的教学目标，选择合适的教学内容，并采用适当的教学方法，以达到最佳的教学效果。同时，教师的教学观还会影响到他们的教学策略和教学评价方式，比如如何设计课堂活动、如何布置作业、如何评估学生的学习成果等。

从学生的角度来看，教学观主要反映在学生对学习目标和学习方法的认识上。学生需要明确自己的学习目标，理解学习内容，掌握合适的学习方法，才能取得好的学习效果。学生的教学观还会影响到他们的学习态度和学习积极性，比如他们对教师的认可程度、对课程的兴趣程度等。

此外，教学观还可以是关于教学本质、教学过程、教学策略、教学评价等方面的总体看法和基本观点，这些观点和看法是基于一定的教育理论和教育实践形成的。比如，有些人认为教学应该是以教师为中心的，而有些人则认为教学应该是以学生为中心的；有些人认为教学应该注重知识的传授，而有些人则认为教学应该注重能力的培养。

综上所述，教学观是关于教学理念、教学方式、学习过程等方面的基本观点和看法，它对于教师的教学实践和学生的学习成果都具有重要的影响。因此，教师需要认真思考和审视自己的教学观，不断更新和改进自己的教育理念和教育方式，以便更好地服务于学生和社会。

三、英语混合式教学的教学观解读

（一）学生观

英语混合式教学的学生观认为，学生是英语学习的主体，应该具备自主性、实践性、个性化和合作学习的能力。教师的作用是为学生提供必要的学习资源和指导，帮助学生培养这些能力和习惯，从而提升学生的英语语言能力和学习效果。

1. 自主性。

英语混合式教学学生观强调学生的自主学习能力。学生应该具备自主决定学习进度、学习时间和学习方式的能力，主动参与英语学习，根据自己的需求和兴趣进行学习。

在英语混合式教学中，学生可以自主选择想要重点提高的技能维度。例如，如果学生对听力训练感到困难，他们可以选择在线上的听力资源库中加强训练，提高自己的听力水平。学生可以根据自己的时间安排，灵活选择完成学习任务的时间和地点，如利用碎片时间在线上进行词汇学习或语法练习。

2. 实践性。

英语混合式教学学生观认为，英语学习不仅仅是知识的掌握，更重要的是语言的实践。学生应该通过多种途径进行语言实践，如课堂口语练习、线上互动交流、小组讨论等，以培养英语语言的应用能力。学生可以通过模拟真实场景、角色扮演、辩论等形式，将所学知识应用到实际情境中，提高语言的运用能力和理解能力。

英语混合式教学通过线上线下的结合，可以模拟真实的语境，让学生在实践中锻炼自己的语言技能。例如，学生可以在线上与外教进行实时对话，提高口语表达能力。学生可以参与线上的小组讨论，或与同学进行线下的角色扮演，将所学的语言知识和技能应用到实际中，加深对语言的理解和掌握。

3. 个性化。

英语混合式教学学生观认为，每个学生都有自己的学习特点和需求，应该根据学生的实际情况和需求进行个性化的教学。教师可以通过线上线下相结合的教学方式，为学生提供个性化的学习资源和指导，帮助学生找到适合自己的学习方式和进度。个性化教学可以更好地满足学生的需求，提升学习效果。

基于学生的兴趣和需求，教师可以为学生推荐适合他们的在线学习资源，如学生感兴趣的主题阅读、特定难度的听力材料等。通过分析学生的学习数据，教师可以为学生提供个性化的反馈和建议，帮助他们发现自己在语音、词汇、语法等方面的不足，并提供改进方法。

4. 合作性。

英语混合式教学学生观认为，合作学习是英语学习中不可或缺的一部分。学生应该通过线上、线下的合作学习，如小组讨论、协作完成任务等，培养团队合作和沟通能力，同时也可以借助他人的优势，弥补自己的不足。合作学习可以帮助学生互相促进、互相提高，在协作中实现共同目标。

学生可以在线上平台进行团队合作，共同完成一个英语项目，如制作一个英语短片或编写一篇英语文章，并在课堂上进行分享和讨论。借助线上资源，学生可以参与到与全球同龄人的跨文化交流中，这不仅锻炼了他们的语言能力，还拓宽了他们的文化视野。

（二）教师观

英语混合式教学教师观认为，教师在英语教学中不仅是知识的传授者，更是学生学习的引导者、指导者、促进者和合作者。

1. 引导者。

英语混合式教学教师观认为，教师应该是学生学习的引导者。教师应该通过设计合适的学习资源和活动，引导学生进入英语学习情境，激发他们的学习热情和兴趣，帮助他们明确学习目标，制订学习计划。作为引导者，教师需要关注学生的学习需求和兴趣，设计出能够激发学生学习热情的学习资源和活动，例如具有实际应用价值的学习任务、与现实生活相关的案例等。同时，教师还需要帮助学生明确学习目标，制订合理的学习计划，使他们能够有计划、有目标地进行学习。在引导学生学习的过程中，教师还需要注重培养学生的自主学习能力和意识，帮助他们形成良好的学习习惯和思维方式。

在初中英语混合式教学中，教师需要为学生创设一个富有挑战性的英语学习情境。这可以通过线上的多媒体资源、真实场景模拟等方式实现，例如在线观看英语原声电影片段，引导学生进行配音练习，激发他们对英语学习的兴趣。针对初中英语的核心内容，如语音、词汇、语法等，教师需要为学生设定明确、可达成的学习目标，并引导他们制订适应自己学习节奏的计划。

2. 指导者。

英语混合式教学教师观认为，教师应该是学生学习的指导者。教师应该根据学生的实际情况和需求，提供个性化的学习指导和建议，帮助学生解决学习中的困难和问题，提升学习效果。教师可以通过面对面的交流、在线互动等方式，了解学生的学习进度和困难，及时给予指导和帮助。指导的内容可以包括学习策略、学习方法、语言技巧等方面，帮助学生找到适合自己的学习方式和进度。同时，教师还需要注重培养学生的问题解决能力和批判性思维，帮助他们提升学习效果和创新能力。

每个学生在英语学习上的难点都不尽相同。教师需要根据学生的实际需求，为他们提供个性化的学习策略建议。例如，对于语音发音不准的学生，教师可以引导他们通过在线平台进行音标学习和发音练习。结合初中英语的知识维度，如阅读理解、写作技巧等，教师可以为学生提供学习方法上的指导，如教导学生如何运用 skimming（略读）和 scanning（扫描）策略进行快速阅读。

3. 促进者。

英语混合式教学教师观认为，教师应该是学生学习的促进者。教师应该关注学生的学习进程和状态，及时给予鼓励和支持，激励他们积极参与到英语学习中来，推动他们不断进步和发展。教师可以通过多种方式激励学生，如利用表扬、奖励、展示学生的学习成果等方式，激发学生的积极性和自信心。同时，教师还需要注重培养学生的自我激励能力和自我管理能力，帮助他们形成自我发展的意识和能力。

教师需要在学生学习的过程中持续给予激励，特别是对于初中生这样一个处于青春期、情感波动较大的群体，激励可以激发他们的学习动力。例如，教师可以设定线上的学习积分制度，鼓励学生完成英语阅读、听力、写作等学习任务，积分可以兑换奖励。为了培养学生的自主学习能力，教师需要引导学生根据自身实际情况设定自己的学习目标，如每天阅读多少英文资料等，监控自己的学习进度，评估自己的学习效果，逐渐形成良好的自我管理习惯。

4. 合作者。

英语混合式教学教师观认为，教师应该是学生学习的合作者。教师应该通过与学生的互动和合作，建立良好的师生关系，营造积极的学习氛围，同时也可以借助学生的力量，完成一些学习任务和项目。作为合作者，教师需要与学生建立平等、互信的合作关系，共同完成学习任务和项目。教师可以通过合作学习、协作探究等方式，与学生一起探讨问题、解决问题，共同探索知识的奥秘。同时，教师还需要注重培养学生的合作精神和协作能力，帮助他们形成良好的团队意识和合作能力。

教师可以为学生设计一些需要团队合作完成的学习任务，如小组辩论、在线协作文档编辑等，这样不仅可以培养学生的合作能力，还能加深他们对英语知识的理解，增加他们对英语知识的应用。借助混合式教学的多样性，教师可以鼓励学生进行知识的创新和整合，如创作英语短剧、设计英语主题海报等，这样可以培养学生的创新思维和跨文化意识。

（三）教学方式

英语混合式教学的教学观认为，线上和线下教学的结合、现代化的教育理念和技术能力、多元化的评价方式是实现教学效果最大化的关键。通过线上线下的结合、现代化的教育理念和技术能力、多元化的评价方式，可以满足学生的个性化需求，提升学生的学习积极性和效果，为学生的英语学习和未来发展打下坚实的基础。首先，英语混合式教学强调线上和线下教学的结合，将传统的教学方式和数字化学习资源相结合，实现教学过程的融合。这种教学观认为，线上和线下教学各有优势，应该相互补充和完善。线上教学可以提供灵活的学习时间和空间，便于学生进行自主学习和互动交流，同时也能够根据学生的实际情况和需求，提供个性化的学习资源和指导。线下教学可以进行面对面的交流和互动，营造良好的学习氛围和情境，便于教师对学生进行个性化的指导和辅导。通过线上和线下教学的结合，可以实现教学效果的最大化。运用线上资源，学生可以随时随地进行听力和口语的练习。线下课堂时间学生则可以更多地专注于阅读和写作技能的深化，通过教师的面对面指导，进行精读、写作训练等。线上平台可以提供丰富的词汇、语法练习题，帮助学生巩固基础知识。线下教学则可以进行更深入的语用分析、真实情景模拟等，确保学生在实际语境中准确运用语言。

其次，英语混合式教学的教学观认为，教师和学生都应该具备现代化的教育理念和技术能力，能够灵活运用各种教学工具和方法，以满足学生的学习需求和提升学习效果。教师需要具备数字化学习资源的设计和开发能力，能够利用各种信息技术工具和平台进行线上线下的教学和管理，同时也需要具备现代化的教育理念，能够将传统的教学方式和数字化学习资源相结合，实现教学过程的融合。学生也需要具备数字化学习的能力和意识，能够利用各种信息技术工具和平台进行线上的自主学习和互动交流，同时也需要具备一定的英语语言基础和学习能力，能够通过多种途径进行英语语言的学习和实践。现代化的教育平台可以记录学生的学习轨迹，为他们推送符合其兴趣和需求的学习资源。例如，基于大数据的学习分析，可以为每位学生生成定制化的词汇学习列表。通过线上的多媒体资源，学生可以接触到真实的英语语篇，如短片、歌曲等，这有助于他们深化对语篇结构和文化背景的理解。线下教学则可以进一步解读这些语篇，挖掘其中的文化内涵。

此外，英语混合式教学的教学观还认为，教学评价应该采用多元化的评价方式，包括线上和线下的测试、作业、讨论、互动等多种形式，以全面了解学生的学习进度和效果。同时，教学评价还应该注重学生的个性化和差异化，根据学生的实际情况和需求，采用不同的评价标准和方式，以便更好地反映学生的英语语言能力和学习成果。评价方式不仅包括传统的笔试，还可以加入线上的口语测试、听力理解练习、在线写作等，确保全面评价学生的英语能力。通过线上的讨论区、小组项目等，可以评估学生的英语文化理解程度，批判性思维、创造性思维等思维品质。线下课堂则可以进行面对面的辩论、角色扮演等活动，让学生展示英语实践应用能力，进一步锻炼学生的思维能力。

第三节　智能化与英语混合式教学的关系

一、智能化与英语混合式教学的关系

智能化技术为英语混合式教学的个性化教学、即时评估和反馈以及学习资源的丰富提供了技术支持，让英语教学更加智能化。同时我们也应正视其中的挑战，努力寻找解决方案，确保智能化技术能够在英语混合式教学中发挥其最大价值。总体而言，智能化与英语混合式教学相互促进、相互融合，可以更好地实现实践性、情境性、交互性和复杂性的教学特点，为学生的英语学习和未来发展提供更加优质、高效的教学支持和保障。

（一）智能化技术提供个性化学习支持

智能化技术可以通过大数据分析和人工智能技术，对学生的学习行为、兴趣爱好和学习成果进行全方位的分析。基于这些数据，系统可以精确诊断学生的学习需求和水平，并为其提供与之相匹配的学习资源和学习路径。这种个性化学习支持不仅可以帮助学生充分发挥自主学习能力，还能激发他们的学习兴趣和动力，提升其学习效果。同时，智能化技术还可以根据学生的学习进度和能力，智能调整学习内容的难度和呈现方式，确保学生在学习中能够逐渐提升，并收获成就感。

（二）智能化技术提供智能化的评估和反馈

通过智能化技术，英语混合式教学可以实现对学生学习的即时、全面、客观的评估。语音识别技术可以准确识别学生发音的流利度和语音语调，为其提供有针对性的口语反馈。自然语言处理技术可以分析学生的作文、翻译等文本输出，检查语法错误、用词准确性和篇章结构，给出精确的写作评估。这些即时反馈能够帮助学生及时了解自己的学习状况，发现自身的不足，并提供改进的方向和建议。这种智能化的评估和反馈机制，可以激发学生的学习动力，提升他们的学习效果。

（三）智能化技术提供更丰富的学习资源和学习工具

智能化技术为学生提供了多样化的学习资源和学习工具，满足了学生不同的学习需求和方式。学生可以通过智能手机、平板电脑等移动设备随时随地进行学习，利用在线词典、听力材料、学习视频等多样化的学习资源进行学习。同时，智能化技术结合虚拟实境、增强现实等技术，可以创造出沉浸式的学习环境，使学生身临其境地感受英语的实际应用，提升学习的趣味性和实效性。

（四）智能化技术为混合式教学活动开展提供多维度支撑

智能化技术与初中英语混合式教学之间存在着紧密的关系。智能化技术为英语混合式教学提供了实践性、情境性、交互性和复杂性四个方面的支持与提升。通过智能化的学习平台，教师可以为学生设计丰富多样的实践性练习和游戏，让学生在虚拟情境中模拟真实场景，从而提高英语语言的应用能力。同时，智能化技术还能提供真实的语言情境和学习体验，帮助学生更好地理解和应用英语语言知识。学生们可以利用智能化的教学平台进行在线交流和讨论，便捷地解决学习中的问题和困难，提升学习的互动性和参与性。此外，智能化技术还能为教师提供全面准确的学习数据和分析，帮助他们更好地了解学生的学习需求和问题，进而制订个性化和精细化的教学计划和策略，应对英语混合式教学中的复杂性和挑战。因此，智能化技术的引入使得初中英语混合式教学更加高效、个性化，有助于提升学生的学习效果和兴趣。

综上可见，智能化技术在英语混合式教学中有巨大潜力和优势。它能够为每个学生提供个性化的学习支持，帮助他们高效地学习英语。同时，智能化的评估和反馈机制能够激发学生的学习动力。丰富的学习资源和学习工具为学生提供了更多的学习机会和方式，使他们能够在轻松愉快的氛围中提升英语能力。

二、智能化技术应用与英语混合式教学实践中的互相促进

智能化与英语混合式教学相互促进、相互融合，可以为学生提供更加优

质、高效的教学支持和保障。同时，这种融合的教学模式也可以为教育领域的发展注入新的动力，推动教育行业的不断创新和进步。

（一）智能化技术推动英语混合式教学的普及和发展

1. 提供智能化学习平台。智能化的学习平台可以为学生提供具有实践性的英语练习和游戏，如语音识别、机器翻译、智能评估等。这些练习和游戏可以在虚拟情境中模拟真实场景，如模拟以英语为母语的国家的日常社交场景、商务场景、文化交流等。学生可以通过这些练习和游戏，在实践中学习英语语言知识，提高英语语言的应用能力。

2. 提供个性化学习内容和策略。智能化技术可以通过数据分析和智能推荐等方式，为学生提供更加个性化和精细化的实践支持和指导。例如，根据学生的学习情况和需求，智能化技术可以为其推荐适合的英语练习和游戏，提供更加个性化的学习内容和策略。同时，智能化技术还可以根据学生的学习进度和困难，为其提供相应的学习建议和指导，帮助学生更好地掌握英语语言知识。

（二）英语混合式教学促进智能化技术的应用和发展

1. 在线学习平台的使用。英语混合式教学需要在线学习平台，如在线课程、教学视频、互动讨论区等。这些在线学习平台为智能化技术提供了应用场景和实践机会。例如，在线课程平台可以集成智能化学习技术，如人工智能辅助系统、自适应学习等，为学生提供更加个性化和便捷的学习支持和指导。

2. 智能评估系统的使用。英语混合式教学需要智能评估系统，如自动批改作业、口语评估等。这些智能评估系统进一步推动了智能化技术在教育领域的应用和发展。例如，自动批改作业系统可以通过自然语言处理技术和机器学习算法，自动批改学生的英语作业，并为学生提供相应的反馈和建议。这不仅可以提高教师的工作效率，还可以为学生提供更加及时、准确的反馈和指导。

（三）智能化与英语混合式教学的融合可以达到更好的教学效果

1. 提供个性化学习支持和指导。通过智能化学习平台，教师可以为学生提供更加个性化和精细化的学习支持和指导。例如，教师可以根据学生的学习情况和需求，为其推荐适合的英语学习资源和活动，提供更加个性化的学习内容和策略。同时，智能化技术还可以为教师提供更加全面和准确的学习数据和分析，帮助教师更好地了解学生的学习情况和需求，制订更加个性化和精细化的教学计划，提供更合适的策略。

2. 使学生便捷地互动和交流。学生可以通过智能化教学平台的在线交流和讨论功能，随时与教师和同学进行互动和交流，如语音聊天、视频会议、在线论坛等。这使得学生可以更加便捷地进行互动和交流，解决学习中的问题和困难。同时，智能化技术还可以为学生提供相应的互动支持和指导，如自动答疑系统、智能推荐讨论主题等，为学生提供更加智能化、个性化的学习体验。

三、英语混合式教学日趋智能化

随着技术的发展和普及，英语混合式教学也逐渐趋于智能化。智能化英语混合式教学指的是将人工智能、大数据等智能化技术融入英语混合式教学中，以使教学方式更加高效、个性化和便捷。

（一）智能化技术为英语混合式教学提供更多可能性

智能化技术可以为英语教学提供更多可能性。教师可以通过智能化学习平台，为学生提供具有实践性的英语练习和游戏，模拟真实场景，如模拟以英语为母语的国家的日常社交场景、商务场景、文化交流等，让学生在虚拟情境中模拟真实场景，提高英语语言的应用能力。

同时，智能化技术还可以通过数据分析和智能推荐等方式，为学生提供更加个性化和精细化的学习支持和指导。例如，根据学生的学习情况和需求，智能化技术可以为其推荐适合的英语练习和游戏，提供更加个性化的学习内容和策略。

（二）个性化学习体验的提升

智能化技术可以为每个学生提供个性化的学习体验。教师可以通过智能化教学平台，了解每个学生的学习情况、兴趣爱好和学习能力，然后根据这些信息为学生推荐适合的英语资源和活动，提供更加个性化的学习内容和策略。

智能化技术还可以通过智能评估等方式，为学生提供更加及时、准确的反馈和指导，帮助学生更好地掌握英语语言知识。这些反馈和指导可以包括语音评估、写作评估、口语评估等，为学生提供更加全面、个性化的学习体验。

（三）智能化互动和交流的增强

智能化技术可以增强师生之间的互动和交流。教师可以通过智能化教学平台，随时与学生进行在线交流和讨论，解决学生的问题和困难。同时，智能化技术还可以为学生提供更加便捷的互动和交流方式，如语音聊天、视频会议等，使学生更加自由地进行学习和讨论。

这些互动和交流方式可以促进师生的沟通和交流，使学生更加深入地理解和掌握英语语言知识，提升学习效果和质量。

总之，智能化英语混合式教学可以为英语教学提供更多可能性，促进个性化学习体验的提升、互动和交流的增强，提供数据驱动的教学管理等。通过智能化技术的运用，教师可以更好地满足学生的学习需求，提升教学效果和质量，推动教育行业的不断创新和进步。

四、基于智能化推进英语混合式教学需要注意的问题

基于智能化促进英语混合式教学需要注意合理应用智能化技术、保证学生的学习体验、注意数据安全和隐私保护，以及不断更新和改进智能化技术等问题。只有这样，才能更好地发挥智能化技术在英语混合式教学中的应用优势，提升教学效果和质量。

（一）合理应用智能化技术

教师在利用智能化技术促进英语混合式教学时，需要根据具体的教学目标和学生的学习情况，进行合理的智能化教学设计。例如，在设计英语练习和游戏时，需要考虑学生的英语水平和能力，设计适合学生的练习和游戏，同时还需要考虑学生的学习进度和困难，设计有针对性的练习和游戏，帮助学生更好地掌握英语语言知识。

过度依赖智能化技术可能会导致教学失去针对性，影响学生的学习效

果。例如，过度依赖机器翻译可能会导致学生忽视语法和词汇学习，影响其英语语言能力的提高。因此，教师需要合理控制智能化技术的应用程度，避免影响学生的学习效果。

（二）保证学生的学习体验

智能化推荐的学习资源和活动需要符合学生的兴趣和能力水平，避免推荐的学习内容过于简单或过于困难，影响学生的学习积极性和效果。例如，在推荐英语电影或电视剧时，需要考虑学生的兴趣爱好和英语水平，选择适合学生的电影或电视剧，避免推荐的内容过于简单或过于困难，影响学生的学习体验和效果。

同时还需要保证学生的学习体验，如避免过多的机器干预和自动化决策，给学生带来不良的情绪和心理压力。教师需要关注学生的学习状态和情感反应，及时给予学生必要的支持和帮助，保证学生的学习体验和效果。

（三）注意数据安全和隐私保护

智能化技术需要处理大量的学生个人信息和数据，如学生的英语学习数据、交流讨论内容等。教师需要注意数据安全和隐私保护问题，严格遵守相关的数据安全和隐私保护法规，确保学生个人信息的保密性和安全性。例如，在收集和处理学生个人信息时，需要进行必要的授权和保密处理，避免信息泄露和滥用。

（四）不断更新和改进智能化技术

随着技术的不断进步，智能化技术也在不断更新和改进。教师需要不断关注新技术的发展和应用，及时更新和改进智能化技术，以提升英语混合式教学的效果和质量。例如，教师可以关注人工智能、机器学习等新技术的发展和应用，将其融入英语混合式教学中，提升教学效果和质量。

第二章

智能化时代的英语教学要求

第一节　以学习过程为基，以学习活动为魂

一、智能化时代英语教学应以学习过程为基础

智能化英语学习过程是指利用智能化技术和工具来支持和促进学生的英语学习。通过智能化工具，学生可以获得个性化、自适应和互动性强的学习体验，提升学习效果和学习动力。智能化英语教学的学习过程是一个个性化、灵活的学习过程，通过智能化技术的运用，学生可以更好地满足自己的学习需求，提升学习效果和质量。智能化英语学习过程的一般步骤为：学习目标设定、学习资源选择、学习资源学习、学习过程监测、学习过程互动、学习过程反馈、学习成果评估。

（一）学习目标设定

对于初中英语智能化教学来说，设定学习目标是一个重要环节。学生首先需要自我评估，了解自己当前的英语水平，然后便可以设定一个明确、实际可行的学习目标。这一过程中，智能学习平台和应用程序起着重要的辅助作用。这些平台通常具备水平测试功能，能为学生提供精准的英语水平定位，进而帮助他们制定出具体、可量化的学习目标。

例如，一个初一的学生，他通过水平测试发现自己口语表达能力相对薄弱，那么他可以将学习目标设定为“在一个学期内，通过智能学习平台提供的口语训练资源，提高口语流利度，达到能流利完成平台上日常对话的水平”。这样的目标清晰明了，既符合学生的实际需求，又便于量化，能很好地激发学生的学习动力。同时，智能学习平台也会根据学生的学习目标和当前水平，为其提供相匹配的学习资源和建议，从而使学生能更加高效、有针对性地进行学习。

（二）学习资源选择

在智能化学习环境下，学生面对的是海量、多样化的学习资源。智能学习平台和应用程序通常集成大量的学习资源，包括听力材料、阅读材料、写

作素材等，涵盖日常生活的各个方面。学生可以根据自己的学习目标，灵活选择适合自己的学习资源。

以提高口语水平为例，学生可以选择平台上与日常生活相关的对话材料进行学习，通过模仿、跟读等方式进行练习。这些对话材料往往配有标准的发音示范和实时语音识别评估，学生能随时了解自己的发音准确度，及时纠正发音问题。同时，平台还会根据学生的学习进度和效果，动态调整推荐的学习资源，确保资源与学习目标的持续匹配。

而希望提升阅读能力的学生，可以选择英文短篇小说或新闻文章作为学习资源。这些资源通常配备有阅读理解和词汇练习，帮助学生在阅读中巩固词汇、提高阅读速度和理解能力。

（三）学习资源学习

在智能化技术的支持下，学习资源的学习体验得以大幅度提升，变得更加个性化且高效。学生登录智能学习平台后，可以根据自己的需求选择进入词汇学习、听力训练、阅读练习等模块。平台会根据学生的历史学习数据、能力水平，为其提供与之相匹配的定制化学习路径。

想象一下，一名初中生在平台上进行英语学习，平台通过分析他的学习行为，发现他的阅读理解存在薄弱环节。那么，平台会自动为其推荐适合的阅读训练材料，并配以相应的练习题，帮助这名学生有针对性地强化阅读技能。此外，学习资源不仅仅是简单的文字和图片，还融入了多媒体元素，如视频、音频等，为学生提供更加沉浸式的学习体验。

（四）学习过程监测

传统的学习方式往往缺乏对学生学习过程的细致监测，而智能化技术正好弥补了这一缺陷。通过先进的语音识别和自然语言处理技术，智能学习平台能够实时监测学生的口语练习和写作任务。当学生完成一次口语练习后，平台会迅速对其发音、语调、语法等方面进行评估，并给出精确的反馈。

这种监测不仅仅限于口语，还包括写作、听力等各个方面。例如，学生在平台上完成一篇英语作文，平台会即时进行语法和拼写检查，并提供修改建议。这样的即时反馈机制，使学生能够在第一时间了解到自己的不足，进而进行即时的调整和改进。

（五）学习过程互动

语言学习从来都不是孤立的，它需要人与人之间的交流和互动。智能化技术为学生提供了多种互动渠道，使学习过程更加生动有趣。学生可以在平台的社区论坛上发起话题、参与讨论，与其他学生分享学习心得和方法。这种线上互动不仅打破了时间和空间的限制，还为学生提供了一个展示自己、锻炼语言能力的平台。

同时，智能化技术还为师生之间的互动提供了便利。教师可以通过平台发布任务、解答疑问，与学生进行实时沟通。这种紧密互动有助于增强学生的学习动力，使其更加主动地参与到学习中。

（六）学习过程反馈与学习成果评估

智能化平台通过深度分析和挖掘学生的学习行为和表现，为其提供高度个性化的反馈。这种反馈机制对于学生的学习进步至关重要，因为它不仅关注学生的知识掌握情况，还深入探究学生的学习策略和学习习惯，从而为学生提供更加全面和有针对性的指导。在知识掌握方面，智能化平台会根据学生在各个学习模块中的表现，为其提供精细化的反馈。例如，如果学生在词汇学习中表现出色，平台会给予肯定和鼓励，并推荐更高级别的词汇挑战，以满足其学习需求。相反，如果学生在某一语法知识点上存在困惑，平台会及时识别这一问题，并为其提供详细的解释和额外的练习材料，帮助学生迅速弥补知识漏洞。除了知识掌握情况，智能化平台还会分析学生的学习策略，为其提供个性化的建议。学习策略是指学生在学习过程中采用的方法和技巧。通过监测学生的学习行为，平台可以判断学生的学习策略是否有效，并根据需要为其提供调整建议。例如，对于喜欢通过大量阅读来学习的学生，平台可能会建议其增加听力训练，以提升英语综合能力。此外，学习习惯也是智能化平台关注的重点之一。学习习惯直接影响学生的学习效率和效果。平台会通过观察学生的学习时间和频率，发现其学习习惯中的优点和不足。例如，如果学生经常在晚上熬夜学习，平台会提醒其调整作息时间，以保持良好的学习状态。同时，对于学习进度较慢的学生，平台会鼓励其制订更加合理的学习计划，并提供时间管理技巧，以帮助其提高学习效率。

学习成果评估是智能化英语教学的重要环节，它通过科学、客观的方法对学生的学习进展和成果进行全面的衡量和评价。利用智能化技术，我们可以实现更加准确、个性化的学习成果评估。在智能化学习平台和应用程序的支持下，学习成果评估可以通过多种方式进行。其中，在线测验和考试是常见的评估形式。这些测验和考试可以根据学生的知识水平和学习目标进行设计，涵盖听力、口语、阅读、写作等各个方面。学生可以在平台上随时进行自测，检验自己的学习成果。同时，平台会即时生成评估报告，为学生提供详细的分数和分析，让学生清晰了解自己在各个技能领域上的表现。除了传统的测验和考试，智能化技术还可以提供更加丰富的评估形式。例如，通过语音识别和自然语言处理技术，平台可以对学生的口语表达进行评估。学生可以完成一段口语录音，然后平台会对其发音、流利度、语法等方面进行评估，并给出相应的反馈和建议。这种形式的评估不仅能够提高学生的口语能力，还能够培养其自信和表达能力。另外，智能化技术还可以结合大数据和机器学习算法，对学生的学习数据进行深度挖掘和分析，生成个性化的学习成果报告。这些报告可以呈现学生在学习过程中的强项和弱点，帮助他们更好地了解自己的学习情况，调整其策略。同时，教师也可以根据这些报告，针对学生的个体差异，提供更加精准的教学辅导。

二、智能化时代英语教学应以学习活动为核心和灵魂

智能化英语教学活动是一种独特的教学方式，它深度融合了智能化技术，为传统的英语教学注入了新的活力。这种教学活动不拘泥于传统形式，而是借助先进的科技手段，为学生打造出个性化、互动性强且实时反馈的学习环境。在这样的教学活动中，每一位学生都能得到与众不同的学习体验。智能化技术确保了学习内容的个性化呈现，使学生能够在最符合自己需求和学习水平的环境中学习。同时，这种教学方式强调互动性，鼓励学生与学生、学生与教师之间的频繁交流，让学习不再是一个人的战斗，而是团结协

作、共同进步的过程。实时反馈是智能化英语教学活动的一大亮点。学生在完成学习任务后，能够立即获得系统给出的评估和建议，使学生时刻清楚自己的学习状态和努力的方向。智能化时代英语教学应以学习活动为核心，通过学习活动，更好地体现英语教学的实践性和应用性，激发学生的学习兴趣和积极性，满足学生的学习需求和个性化发展，培养学生的语言实际运用能力和创新思维能力，推动教育行业的不断创新和进步。

（一）以学习活动为核心的优势

1. 以学习活动为核心，可以更好地体现英语教学的实践性和应用性。

英语学习不仅仅是掌握语言知识，更重要的是培养语言技能。通过学习活动，学生可以进行模拟对话、角色扮演、场景模拟、英语角等实际情境中的语言实践，这样能够让学生亲身体验英语语言的运用，加深对英语的理解和掌握，提升语言技能的应用能力。此外，还可以通过看英语电影、唱英语歌曲等学习活动，让学生在娱乐中学习英语，提高语言实际运用能力。

2. 学习活动可以更好地激发学生的学习兴趣和积极性。

学习活动可以设计得更加生动、有趣，如英语歌曲比赛、英语短剧表演、英语游戏等，让学生在学习中感到愉悦和兴奋。此外，还可以通过互动式的教学方式，如小组讨论、问答环节等，让学生参与其中，增强学习的互动性，提高学生对英语学习的兴趣和积极性。

3. 学习活动可以更好地满足学生的学习需求和个性化发展。

教师可以根据学生的英语水平、学习进度和兴趣爱好，设计适合不同学生的个性化学习内容和策略。例如，针对英语水平较低的学生，可以提供基础的英语语法、词汇等学习资源；针对英语水平较高的学生，可以提供更具挑战性的阅读、写作等学习资源。同时，还可以通过看英语电影、学习英语文化等学习活动，满足学生对不同领域的知识需求，促进学生的个性化发展。

4. 学习活动可以更好地培养学生的语言实际运用能力和创新思维能力。

学习活动可以采用任务式、探究式等学习方式，引导学生主动思考、创新和运用语言。例如，通过主题讨论、英语写作等学习活动，可以培养学生的创新思维和语言表达能力。同时，还可以通过英语辩论、英语演讲等更高难度的学习活动，提高学生的思辨能力和语言表达能力。通过这些学习活动，学生的语言实际运用能力和创新思维能力可以得到更好的培养和提升。

（二）以学习活动为核心的不足

智能化时代的初中英语教学以学习活动为核心，可能存在如下一些不足之处，如过度关注形式而忽视内容深度，技术至上导致人际交互减少，难以满足学生的个性化需求等，因此需要根据情况进行调整，充分利用好学习活动形式，并确保全面评估听、说、读、写等语言技能，以实现学生综合语言能力的全面发展。

1. 过度关注活动形式，忽视语言内容深度。

在智能化时代的初中英语教学中，尽管活动形式丰富多样，但过度关注这些活动可能冲淡了语言教学的核心。例如，在听力训练中，单纯地追求活动趣味性，可能会忽略对学生听力策略和技巧的深入培养。又如，在阅读教学中，若只重视阅读活动的形式，而缺乏对文本深层含义的挖掘，学生可能难以形成对文本的深入理解和批判性思维。因此，在智能化教学中，既要体现活动的多样性，也要确保语言内容的深度教学。

2. 技术至上，人际交互减少。

智能化技术为初中英语教学带来了诸多便利，但过分依赖技术可能导致真实的人际交互减少。在口语练习中，虽然智能语音识别技术可以为学生提供发音和语流的反馈，但机器无法替代真实的人际交流，以及在实际情境中的语言应用。人际交互中的情感交流、即兴反应等都是技术难以复制的。因此，智能化时代的初中英语教学仍需保持技术与人际交互的平衡。

3. 个性化不足，难以满足每个学生的需求。

初中生的英语水平、学习兴趣和学习方式都存在较大差异。以学习活动为核心的智能化教学，若缺乏足够的个性化措施，可能难以满足每个学生的需求。例如，在写作训练中，有的学生可能需要更多的基础语法指导，而有的则更需要高级词汇和篇章结构的训练。智能化教学平台应能够根据学生的实际需求，为其提供定制化的学习资源和路径。

4. 评估片面，缺乏全面评价。

初中英语教学涉及听、说、读、写等多个技能维度。以学习活动为核心的智能化教学，可能会使评估过于侧重于学生的活动表现，而忽视对其他技能的综合评价。为了确保评估的全面性，应结合智能化技术，为听、说、读、写等各个环节都设计科学合理的评估机制。如利用语音识别技术评估学生的口语流利度和准确性，利用自然语言处理技术分析学生的作文内容和结构等。

（三）智能化教学活动实践路径

1. 个性化学习路径。

在智能化英语教学活动中，个性化学习路径是一个核心组成部分。通过智能化学习平台，学生不再受传统的“一刀切”教学模式的限制，而是能够根据自己的学习需求和实际水平，选择适合自己的学习路径。这种个性化学习路径的设计，是基于对学生学习数据和能力的全面分析，确保每个学生都能在最适合自己的环境中学习。

想象一下，一个英语初学者和一个已经有一定英语基础的学生，他们登录同一个智能化学习平台，但平台为他们推荐的学习内容和学习路径是完全不同的。对于初学者，平台可能首先推荐其学习基础词汇和语法，并通过简单的对话练习帮助其熟悉语言结构。而对于有一定基础的学生，平台可能推荐其进行更复杂的阅读理解或写作训练，帮助其进一步提高语言技能。

这种个性化学习路径不仅确保了学生的学习效率，更重要的是，它激发了学生的学习兴趣和动力。学生可以根据自己的兴趣和进度进行学习，不再感到被强迫或被拖拽着走。而当学生完成一个学习目标时，平台会为其推荐下一个合适的学习目标，确保学生能够持续、稳定地进步。

2. 智能化口语练习。

口语练习是英语学习中不可或缺的一部分，但传统的口语练习方法往往受限于教师资源和时间。而智能化英语教学活动中的口语练习，充分利用了语音识别技术，为学生提供了一种全新、高效的口语练习方式。

学生可以在智能化学习平台上进行口语练习，系统能够实时识别学生的发音，并对其发音的准确性、流利度等方面进行评估。这种评估不仅仅是一个简单的分数，更是具体到每个音节、每个单词的反馈。学生可以根据系统的反馈，立即知道自己哪些地方发音不准确，然后有针对性地进行改进。

此外，系统还会为学生提供标准的发音示范，学生可以通过对比自己的发音和示范发音，进一步纠正自己的发音问题。这种实时反馈和纠正的方式，大大提高了学生的口语练习效率，同时也降低了学生因为发音问题而产生的挫败感。

3. 虚拟实境学习。

随着技术的进步，虚拟实境技术为英语教学开辟了新的可能性。在智能化英语教学活动中，利用虚拟实境技术，学生可以身临其境地体验各种英语语境。

这种虚拟实境学习为学生创造了一个真实的语言环境，帮助学生更好地理解和运用英语。比如，学生可以通过虚拟实境技术参观以英语为母语的国家的名胜古迹，与当地的导游或居民进行交互，体验真实的英语交流场景。这种学习方式不仅提高了学生的语言理解能力，还增加了其对英语文化的认识和了解。

4. 在线合作学习。

在线合作学习是智能化英语教学活动中的一项重要功能，它通过智能化学习平台促进了学生与学生、学生与教师之间的实时互动和协作。这种学习方式打破了传统教学的局限性，使学生能够在不同的地理位置上，通过网络连接到同一个虚拟学习空间，共同完成各种任务和项目。

在线合作学习鼓励学生之间的积极互动，激发他们学习英语的动力和兴趣。学生可以在平台上参与小组讨论，分享观点、交流意见，并与同学一起制订学习计划和解决问题。这种学习方式培养了学生的团队合作能力和沟通技巧，同时也促进了学生之间的知识共享和学习经验的交流。

智能化学习平台还提供了协作编辑工具，使学生可以共同编辑文档、制作演示文稿等。学生可以一起做作业，相互评论和修改，从而提升他们的写作和编辑能力。通过与他人合作，学生能够接触到不同的思维方式和观点，提升自己的思维和表达能力。

5. 智能化阅读活动。

智能化阅读活动是智能化英语教学活动中的另一重要组成部分。通过智能化学习平台，学生可以接触到丰富多样的阅读材料，包括故事、新闻等。这些阅读材料根据学生的阅读水平和兴趣进行个性化推荐，确保每个学生都能够获得适合自己的阅读挑战。

智能化学习平台还提供了一系列辅助功能，帮助学生更好地理解和掌握阅读材料。其中，词汇解释功能可以为学生提供生词的词义和用法，使其能够顺利理解文章的内容。语法解析功能则帮助学生分析和理解句子结构，提高其语法意识和阅读能力。

通过智能化阅读活动，学生不仅能够扩大阅读量，提高阅读速度，还能够加深对英语语言结构和文化背景的理解。同时，阅读材料中的丰富语境也有助于学生巩固和拓展词汇，提升他们的整体语言水平。

6. 智能化听力训练。

听力是语言学习中至关重要的一个组成部分，而智能化听力训练活动则为学生提供了一种高效、个性化的听力学习方式。通过智能化学习平台，学生可以接触到多样化的听力材料，如对话、讲座、新闻广播等。对于这些听力材料，智能化学习平台会根据学生的听力水平和需求进行个性化推荐，确保学生能够循序渐进地提升听力水平。

智能化学习平台提供了丰富的听力练习和完善的反馈机制。学生可以通过听力练习，如选择题、填空题等，检验自己的听力水平，并即时获得答案和解析。平台还会根据学生的听力表现，为其提供有针对性的反馈和建议，帮助学生识别和克服听力障碍。

此外，智能化听力训练活动还结合语音识别技术，对学生的发音和语音理解能力进行评估和训练。学生可以通过模仿和跟读练习，改善发音和语调，提高口语表达能力。这种综合性的听力训练方式，有助于学生在听力、口语和语音方面得到全面提升。

三、过程与活动的融合

智能化时代英语混合式学习为学生提供了个性化、灵活、智能评估和社区化的学习体验。通过智能化技术的运用，学生可以更好地满足自己的学习需求，提升学习效果和质量，推动教育行业的不断创新和进步。

（一）个性化学习体验

智能化技术为学生提供了个性化学习体验。通过智能化学习平台，学生可以获得适合自己的学习资源和活动推荐，如适合自己英语水平和学习进度的英语练习和游戏，以及符合自己兴趣爱好的学习内容。这样，每个学生都可以按照自己的节奏和方式进行学习，提升学习效果和效率。

智能化技术还可以根据学生的学习情况和需求，为其提供相应的学习建议和指导，帮助学生更好地掌握英语语言知识。这样，每个学生都可以得到个性化的学习支持和指导，提升学习效果和体验。

（二）灵活的学习方式

智能化技术使得英语混合式学习更加灵活和自由。学生可以通过在线课程、教学视频、互动讨论区等多样化的学习方式进行自主学习和交流，随时随地进行学习。

同时，智能化技术还为学生提供多种学习方式和活动选择，如在线对话、小组讨论、角色扮演等，使学生可以在多样化的学习活动中学习和交流。这样，学生可以根据自己的时间和学习方式进行灵活的学习和交流，提高学习的效率和参与度。

（三）智能评估和反馈

智能化技术为学生提供了智能评估和反馈的学习工具。例如，自动批改作业系统可以通过自然语言处理技术和机器学习算法自动批改学生的英语作业，并为其提供相应的反馈和建议。

这样，学生可以及时了解自己的学习情况和问题，并进行相应的调整和改进。同时，智能化技术还可以根据学生的学习进度和困难，为其提供相应的学习建议和指导，帮助学生更好地掌握英语语言知识。

（四）学习伙伴和社区

智能化技术为学生提供了一个有学习伙伴和社区的平台。学生可以通过智能化教学平台与同学进行互动和交流，共同学习和解决问题。同时，学生还可以在社区中分享自己的学习经验和成果，相互学习和激励。

这样，学生可以更好地融入学习氛围，提高学习动力和兴趣。同时，学习伙伴和社区还可以为学生提供更多的学习资源和支持，如学习笔记、课程资料、问题解答等，帮助学生更好地掌握英语语言知识。

总之，智能化时代英语混合式学习为学生带来了个性化、灵活、智能评估以及社区化的全新学习体验。通过充分应用智能化技术，学生能够更加有效地满足自身的学习需求，进而提升学习的效果与质量。这种创新性的教学模式不仅促进了教育行业的进步，更为学生打开了一个充满可能性的新世界。在这里，每一个学生都能获得属于自己的学习体验和成果，享受到智能化教育带来的益处。这无疑是教育与科技结合的魅力所在，也为我们展示了未来教育的无限可能性。

第二节　以数字化输入为教学内容

一、智能化时代英语教学的数字化资源

英语数字化资源是指以电子形式存在的英语学习和教学资源，包括电子课本、在线课程、多媒体教材、语音识别软件、语言学习应用程序等。这些资源可以提供更丰富、便捷和互动性强的学习体验，帮助学生提高英语语言能力。常见的英语数字化资源有：在线词典和翻译工具、在线学习平台和应用程序、在线英语材料和课程、在线英语听力和阅读材料、在线英语社交平台和学习社区、在线英语考试准备资源、在线英语语音识别工具等。这些英语数字化资源为学习者提供了便捷、灵活和多样化的学习途径，学习者可以根据自身需求和兴趣自主选择和使用，提升英语学习的效果和效率。同时，教师也可以利用这些资源进行教学和辅导，提供个性化的学习支持。在智能化时代，英语教学的数字化资源非常丰富，学生可以根据自己的需求和兴趣选择适合自己的学习资源。

（一）电子课本

电子课本是一种非常重要的学习资源。它是一种以电子形式呈现的英语教材，可以在各种电子设备（如电脑、平板、手机等）上阅读和使用。电子课本具有许多优势。首先，它提供了丰富的互动元素，比如音频、视频、动画等，使得学习内容更加生动有趣，容易吸引学生的注意力。其次，电子课本通常集成了在线词典和翻译工具，学生在阅读过程中遇到生词时，可以快速查找词义，提高阅读效率。此外，电子课本还提供了丰富的练习和测试题目，学生可以随时随地进行自我检测，巩固所学知识。对于教师而言，电子课本也带来了诸多便利。教师可以根据教学需要，随时调整教材内容和顺序，定制个性化的教学方案。同时，电子课本通常配备了教学管理系统，教师可以轻松地跟踪学生的学习进度和成绩，及时了解学生的学习情况，并提供有针对性的反馈和指导。

需要注意的是，虽然电子课本具有很多优势，但在使用过程中，也需要合理规划和管理学生的学习时间和使用方式，让学生避免过度依赖电子设备，保持良好的学习习惯和健康的生活方式。

（二）电子辞典和在线词典

电子辞典和在线词典是英语数字化资源中不可或缺的一部分，它们为英语学习者提供了快捷的词汇查询服务。

电子辞典是一种可以在电子设备上使用的辞典，它包含了大量的英语单词、短语、例句等，通常还配备了发音、翻译、做笔记等功能。与传统的纸质辞典相比，电子辞典具有便于携带、查找迅速、内容丰富等优点。此外，电子辞典还可以根据用户的需求进行个性化设置，如调整字体大小、背光亮度等，提高使用的舒适度。

在线词典是一种基于互联网的词典服务，用户可以通过浏览器访问，查询单词的含义、用法、例句等。在线词典通常提供了多种查询方式，如输入单词、选择词性、查看词源等，还可以实时更新词汇库，收录最新的词汇和用法。此外，在线词典还集成了机器翻译、语音识别等技术，为用户提供更加智能化的查询体验。

无论是电子辞典还是在线词典，它们都为英语学习者提供了便捷、高效的词汇查询服务，有助于其扩大词汇量、提高阅读速度和理解能力。同时，它们也为教师提供了辅助教学的手段，教师可以在课堂上使用电子辞典或在线词典来解释生词、展示例句等，提升教学效果。虽然电子辞典和在线词典非常方便，但学习者在使用时也应注重策略和方法，避免单纯依赖工具而忽视对词汇的深入学习和理解。

（三）在线课程

在线课程平台可提供来自世界各地的优质英语课程，涵盖各种主题，如商务、计算机科学、艺术、医学等。学生可以在自己的电脑上注册账号，选择感兴趣的课程，并按照课程安排完成学习任务。

（四）教学视频

学生可以在互联网上找到各种各样的教学视频，包括录制的课堂教学视频、独立制作的教学视频等。这些视频通常由专业的教师或教育机构制作，提供高质量的教学内容。教学视频通常包括讲解、示范、练习等环节，帮助学生更好地掌握英语语言知识。

（五）在线学习平台和应用程序

在线学习平台和应用程序是英语数字化资源中的重要组成部分，它们为学生提供了便捷、灵活的学习途径，让英语学习更加高效、个性化。

在线学习平台是一个集成了多种英语学习资源的网络平台，学生可以通过电脑或移动设备访问。这些平台通常提供丰富的课程和学习材料，包括听力、口语、阅读、写作等各个方面的训练。学生可以根据自己的需求和兴趣选择适合自己的课程和学习内容，进行自主学习和练习。同时，在线学习平台还通常配备学习跟踪和评估系统，帮助学生及时了解自己的学习进度和成果，调整学习策略。

英语学习应用程序是可以在移动设备（如手机、平板）上下载和使用的软件，它通常具有简洁、直观的用户界面，可提供各种学习功能和练习。一些应用程序重点训练特定技能，如单词记忆、语法练习、口语模拟对话。同时，应用程序通常具有个性化设置，学生可以根据自己的学习风格和喜好调整学习参数，提升学习效果。

在线学习平台和应用程序的出现，大大丰富了英语学习的方式和手段。它们使得学习不再受时间和地点的限制，学生可以根据自己的节奏和兴趣进行学习。同时，这些平台和应用程序通常具有互动性和社交性，学生可以与其他学习者交流、分享学习经验，提高学习的参与度和动力。

（六）英语学习网站

学生可以在互联网上找到各种各样的英语学习网站，如 BBC Learning English 等。这些网站提供各种学习材料，如文章、视频、游戏、练习等，帮助学生提高英语语言能力。这些网站通常具有友好的用户界面和互动功能，使学生更加容易使用和理解。

（七）数字化图书馆

学生可以在互联网上找到各种各样的数字化图书馆。这些图书馆提供各种学习材料，如电子书、音频书、电影、图片等，帮助学生提高英语语言能力。这些图书馆通常具有丰富的馆藏资源和友好的用户界面，使学生更容易查找和使用。

（八）语音识别和自然语言处理工具

学生可以在互联网上找到各种各样的语音识别和自然语言处理工具。这些工具可以帮助学生进行语音练习、翻译、语言交流等，提高英语语言能力。这些工具通常具有友好的用户界面和强大的功能，使学生更容易使用和理解。

二、智能化时代英语教学的数字化评估与反馈

智能化时代英语教学可以利用数字化评估和反馈来提升教学效果和质量。数字化评估和反馈具有自动化批改、实时反馈、数据分析和进度监控等功能，为教师提供更加全面和准确的学生学习情况信息，帮助教师制订更加个性化和精细化的教学计划，调整教学策略，提升教学效果和质量。

（一）自动化批改

在线测试系统或批改软件可以自动批改学生的英语作业或试卷，节省教师的时间和精力，提高批改的准确性和效率。这种数字化评估和反馈方法可以减少教师的工作量，让他们更加专注于教学本身，提高教学质量。

（二）实时反馈

通过在线测试系统或教学平台，教师可以及时了解学生的学习情况，帮助其调整学习策略和方向，提升学习效果。

（三）数据分析

通过数字化评估和反馈系统，教师可以对学生的学习数据进行跟踪和分析，了解学生的学习进度和需求，制订更加个性化和精细化的教学计划，调整教学策略。数据分析可以帮助教师更好地了解学生的学习情况和需求，为制订更加个性化和精细化的教学计划，调整教学策略提供依据，提升教学效果和质量。

（四）进度监控

通过数字化评估和反馈系统，教师可以实时监控学生的学习进度，了解

学生是否按时完成作业、参加课程等，及时提醒和督促学生完成学习任务。进度监控可以让学生更好地掌握学习进度，及时调整学习策略和方向，保证达到最佳的学习效果。

三、智能化英语教学内容以数字化方式输入

智能化英语教学内容的数字化输入方式多种多样，可以根据具体的教学需求和资源情况进行选择和使用。通过数字化输入，可以将教学内容更加方便、灵活、个性化地呈现给学生，提升教学效果和质量，推动教育行业的不断创新和进步。

（一）智能教学系统

智能教学系统是一种基于人工智能和大数据技术的教学辅助工具，可以帮助学生和教师实现数字化输入和教学。

1. 智能语音识别。通过语音识别技术，智能教学系统可以识别学生的口语练习，并将其转化为文字，方便教师进行批改和评估。

2. 智能题库。智能教学系统通常拥有大量的英语题目和资源，可以根据学生的学习情况和需求，自动生成个性化的题目和测试，进行数字化输入和发布。

3. 智能评估。智能教学系统可以根据学生的练习和测试结果，进行自动评估和分析，提供实时反馈和建议，帮助学生了解自己的学习进度和问题。

通过智能教学系统，教师可以更加方便地进行数字化输入和教学，提升教学效果和质量。同时，这些系统还可以根据学生的学习情况和需求，提供个性化的学习内容和反馈，满足不同学生的学习需求。

（二）可视化工具

可视化工具可以将抽象的教学内容转化为形象的图片、动画、视频等，从而更加方便地进行数字化输入和呈现。例如，教师可以使用可视化工具创建教学图表、流程图、演示文稿等，让学生可以通过视觉方式更加直观地理解教学内容。

可视化工具在英语教学中的应用非常广泛，尤其是对于语言学习中的语

法和词汇等内容。例如，教师可以使用流程图或图表来解释英语中的时态、语态、句子结构等抽象概念，让学生可以通过图像更加直观地理解这些概念。同时，可视化工具也可以帮助学生更好地记忆和理解单词、短语等语言知识点。

（三）游戏化学习

游戏化学习可以将教学内容转化为游戏的形式，从而更加吸引学生的兴趣，提高其参与度。例如，教师可以通过游戏化学习平台发布游戏化的教学内容，让学生在游戏中进行学习，从而提升学习效果和乐趣。

游戏化学习在英语教学中可以应用于口语、听力、阅读等方面。例如，教师可以设计一款英语口语游戏，让学生在游戏中进行角色扮演或情景模拟，提高口语表达能力。同时，教师也可以设计一些听力游戏，让学生在游戏中通过听取英语对话或短文，进行选择、判断等操作，提高听力水平。通过游戏化学习，学生可以更加积极主动地参与到学习中来，提升学习效果和乐趣。

（四）在线课程

在线课程是一种将传统课堂教学转化为在线形式的数字化输入方式。教师可以将教学内容转化为在线课程的形式，让学生可以在线学习、提交作业、参与讨论等。这种方式可以突破时间和空间的限制，让学生随时随地进行学习。

在线课程在英语教学中的应用非常广泛，教师可以利用各种在线课程平台或教育网站，发布教学视频、课程资料、作业等教学内容，让学生可以通过互联网进行在线学习。同时，在线课程也可以提供各种学习资源和工具，如在线词典、语法书、听力材料等，帮助学生更好地掌握英语语言知识。通过在线课程，学生可以更加灵活、方便地进行学习，提升学习效果和质量。

第三节　以混合式教学为活动方式

一、混合式教学的内涵及特征

初中英语混合式教学是在英语教学中将网络平台与线下课堂教学相融合，充分发挥学生主体性和自主学习能力，以实现学生个性化、交互式学习，达到教与学绩效最大化的教学模式。

初中英语混合式教学的特征如下。

（一）线上线下的有机融合

在初中英语混合式教学中，线上线下的有机融合模式具有显著的优势。课前预习资料通过在线平台发布，学生可以提前了解即将学习的词汇、语法和对话内容。在实体课堂上，教师可以利用多媒体技术，如投影仪、教学软件等，创造真实的语境，使学生更好地理解和应用英语知识。此外，线下课堂还提供了学生与学生、学生与教师之间互动的机会，通过小组活动、角色扮演等形式进行英语实战演练，提高学生的口语表达和听力理解能力。课后，学生可以在线完成作业、参与讨论，巩固和拓展所学内容。

（二）学生主体性得到发挥

初中英语混合式教学中，学生的主体性得到了充分尊重。学生被鼓励成为积极的学习者，通过在线平台自主选择适合自己的学习材料和学习方式。他们可以根据自己的兴趣和需求，选择学习听力、口语、阅读或写作等不同的技能模块。同时，学生还可以在线上论坛与其他同学互动交流，分享学习心得和经验。这种学习模式培养了学生的自主学习能力，激发了他们的学习兴趣，提升了学习效果。

（三）个性化学习

初中英语混合式教学借助智能化技术，实现了个性化学习的目标。教学平台可以根据学生的学习数据、行为和兴趣进行分析，为他们推荐个性化的学习内容。例如，对于英语水平较低的学生，系统会推送基础语法和词汇的练习；对于英语水平较高的学生，系统会推荐高级的阅读和写作任务。这种个性化学习方式确保了每个学生都能够在适合自己的难度和进度下进行学习，提升了学习效果和学习动力。

（四）交互式学习

初中英语混合式教学中的交互式学习为学生提供了更多的互动机会。在线上平台上，学生可以通过实时聊天、在线讨论区、协作文档等方式与同学和老师进行互动交流。他们可以共同解决学习中遇到的问题，分享学习资源和经验。这种交互式学习促进了学生之间的沟通与合作，提高了他们的团队协作能力和沟通技巧。

（五）实时反馈

初中英语混合式教学中的实时反馈机制为学生提供了即时的学习评估和指导。在线测试后，学生可以立即获得答案和解析，了解自己的学习情况和需要改进的地方。教师可以根据学生的学习数据和表现，即时调整教学策略和方法，确保学生能够有效地掌握英语知识和技能。这种实时反馈机制有助于提升学生的学习效果，增强他们的学习动力和自信心。

二、混合式教学中的“线上 + 线下”相互影响、融合推进

混合式教学完美融合了线上线下的教学模式，充分利用网络平台的便捷性和实体课堂的互动性，为学生提供了更加丰富、多元化的学习体验。通过“线上 + 线下”的教学方式，混合式教学打破了传统教学的时空限制，既保留了线上学习的自主性和个性化，又发挥了线下教学的交流与深度理解优势，从而实现了教学效果的最大化。

（一）线上学习

初中英语线上教学是一种借助互联网和数字化技术，将传统课堂教学转移到线上的教学模式。它通过视频、音频、文本等多种形式进行授课，使学生可以在任何时间、任何地点进行学习。线上教学需要教师精心设计课程，利用多媒体资源，引导互动和讨论，利用在线测试和作业，注重个性化教学。这些策略可以帮助学生更好地理解和掌握知识，提升学习效果和质量。同时，教师也

需要不断学习和掌握新的教学技能和方法，提升教学效果和质量。

1. 精心设计课程。

线上教学的课程设计应该更加精心，注重课程内容的深度和广度，同时要考虑到学生的接受能力和学习风格，采用多种教学方法和手段，使学生更好地理解和掌握知识。

在课程设计方面，教师应该根据学生的学习需求和程度，精心选择教学内容和资源，设计适合学生的教学计划和方案。同时，教师还可以通过调查问卷、在线测试等方式，了解学生的学习风格和需求，制订更加个性化的教学计划和方案。在教学方法和手段方面，教师可以采用多种方法，如讲解、演示、案例分析、课堂讨论等，使学生更好地理解和掌握知识。

2. 利用多媒体资源。

线上教学可以利用多媒体技术，如视频、音频、图片等，将课程内容更加生动、形象地呈现给学生，提高学生的学习兴趣和积极性。

利用多媒体资源可以让学生更加生动、形象地了解课程内容，提高学生的学习兴趣和积极性。例如，教师可以通过视频、音频、图片等方式，将英语知识点进行形象化的解释和演示，让学生更容易理解和记忆。同时，教师还可以通过多媒体资源，提供更加丰富的学习内容和案例，拓宽学生的视野和知识面。

3. 引导互动和讨论。

线上教学可以借助网络平台或实时通信工具，引导学生进行互动和讨论，增强学生的参与感和归属感，提升学生的学习效果和兴趣。

引导互动和讨论可以增强学生之间的交流和合作，提升学生的学习效果和兴趣。教师可以通过网络平台或实时通信工具，组织学生进行讨论和交流，鼓励学生提出问题和意见，引导学生进行思考和探究。同时，教师还可以通过小组合作、团队竞赛等方式，增强学生之间的合作和竞争，提高学生的学习积极性和参与度。

4. 利用在线测试和作业。

线上教学可以利用在线测试和作业，方便教师及时了解学生的学习进度和问题，并进行反馈和指导。同时也可以让学生进行自我检测和巩固。

教师可以通过在线测试和作业，设计各种题型和任务，如选择题、填空题、阅读理解、写作等，让学生进行练习和测试。同时，教师还可以通过在线批改和反馈，及时了解学生的学习进度和问题，提出改进建议和指导。

（二）线下教学

1. 建立良好的师生关系。

在初中英语混合式教学的线下教学中，建立良好的师生关系尤为重要。教师不仅是知识的传授者，更是学生的引路人和心灵导师。为了实现这一目标，教师需要频繁地与学生进行深入的交流，了解他们在英语学习中的困惑、需求和感受。在日常交往中，教师应注重倾听，听取学生对课程的建议和意见，确保教学内容和方法与学生的实际需求相匹配。同时，关心学生的生活和成长，不仅仅限于学业成绩，更要关注他们的身心健康，传递正能量，做学生的良师益友。

2. 挖掘教材中的情感因素。

初中英语教材中蕴含了大量的情感因素，这些因素不仅是语言学习的载体，更是情感教育的良好素材。在线下教学中，教师应深入挖掘教材中的情感因素，如课文中的亲情、友情、爱国情等主题，结合学生的生活实际，引导他们体验和表达这些情感。例如，在教授与家庭相关的内容时，可以鼓励学生分享自己家庭的小故事，让他们在分享中深化对家庭情感的理解，从而在英语学习中取得情感与知识的双重收获。

3. 个性化教学。

线下教学为个性化教学策略的实施提供了更为广阔的空间。在初中英语混合式教学的线下环节中，教师可以更为细致地观察每个学生的学习风格和兴趣点，从而调整教学策略。例如，对于视觉型的学生，可以提供丰富的图表和图像辅助学习；对于听觉型的学生，则可以通过讲述、讨论等方式满足他们的学习需求。此外，线下教学还能为教师提供更为直接的反馈机会，促进教师针对学生的学习困难和不足，制订个性化的辅导方案。

4. 关注学生的学习过程和学习结果。

线下教学使得教师能够更为直接地关注学生的学习过程和学习结果。在初中英语混合式教学中，教师应重视学生的形成性评估，观察他们的学习策略、态度和习惯，及时给予指导和调整。同时，教师还应设定明确的学习目标，对学生的学习结果进行终结性评估，确保他们能够达到预定的教学目标。通过对比形成性和终结性评估的结果，教师可以更为全面地了解学生的学习状况，为后续教学提供有力的依据。

5. 合理运用管理和监督策略。

线下教学中，管理和监督策略的运用对于维持良好的教学秩序和提升教学效果具有不可替代的作用。在初中英语混合式教学的线下环节中，教师可以通过设立明确的课堂规则、分组活动等方式，提升学生的学习效率，维持好学习秩序。同时，对于学生在课堂上的不当行为或学习障碍，教师可以及时介入，予以纠正和帮助，确保学生能够在一个健康、积极的学习环境中成长。

三、初中英语“线上 + 线下”混合式教学对教师角色的新要求

数字技术、信息与通信技术的飞速发展深刻地影响与改变了各个领域。这些技术的进步也在积极地推动着教育领域的深刻变革。国内外教育领域的相关人士也在不断地提出各种新的教育理念或教育模式以适应新时代的要求。混合式教学模式作为一种新的教学模式，越来越多地被国内外的教育主管部门、教育专家及各级教育从业者认同并接受。各所大学、高职院校都在积极地尝试混合式教学模式。慕课、翻转课堂、微课堂、TED 等各类在线课堂方兴未艾。在新冠疫情期间，高中、初中及小学因防疫需要进行线上教学，这无疑推动了混合式教学模式在教育中的尝试。疫情之后，广大教育工作者都在积极地思考和探索混合式教学在教育中的应用，同时对一线教师提出了新的要求。深圳市外国语学校一直在探索混合式教学模式给教与学带来的变化且真正受益于此种模式。早在几年前深圳市外国语学校就引进了“空中英语教室”这一网络视听教学平台且开始了“网络 + 线下”的混合式英语教学模式。学生需在家中观看视频或听音频进行学习，学习后完成一定的练

习或小测，系统自动生成并呈现出每位学生的学习时间长度、学习内容的数量以及学习后的成绩。教师根据这个数据进行分析整理并在线下进行补充和教学。这个网络学习平台的英语教学给我们传统的课堂授课带来了非常多且广的补充和拓展。基于“空中英语教室”学习平台的混合式教学，对初中英语教师提出了新要求。

（一）重构教学环节

在传统教学模式下，教师主导着学习的内容、学习的进度，简单来讲就是“以师为中心”。老师根据教学大纲来备课并讲授自认为重要的知识点，对所有学生都是一套输出。老师只能根据学生在课堂上回答问题的情况和课后作业的情况来做一些内容的调整或补充，至于每个学生想了解哪些内容、学到了什么程度，只能说是尽可能去了解。在混合式教学模式下，老师不仅仅是专注于“怎么教好”，还要关注引导学生“怎样学好”。教学环节的设计应更多地引导学生主动了解自己的不足，主动地去获取学习资源，主动地去学，逐渐形成积极主动的学习态度。教师可以通过问题设计、线上课堂学习、线下课堂讨论、课后评价四个环节来达到上述目标。

首先，在问题设计环节，老师既要结合教学大纲，也要从学生的兴趣爱好和现实生活出发，提出若干个问题或话题，让学生从解决问题的角度出发去学习知识。“空中英语教室”这一网络视听教学平台提供了丰富的资源，有文学、历史、地理、文化等话题，也有社会热点、生活类的话题，学生的知识面得到扩展，文化内涵得到提升。这些话题与学生的学习和生活密切相关，在学生进行了大量的输入之后，老师根据学生所掌握的情况及学生的学习水平与学习需求，调整、更新自己线下课程的问题设计，使线下课程更加高效。

其次，在线下课堂讨论环节，老师根据第二个阶段的学习情况，对学生掌握较好的内容简单带过，这样既可以节省时间提高效率，也可缓解学生的逆反心理。对学生们遇到困难的问题，花较多的时间来分析、引导、讲解和强化。通过引导学生们积极参与讨论和解决问题，达到更好的学习效果。此外，为了提高学生的积极性，老师应该启用线上、线下的分组功能，组成“学习共同体”，为学生创设出合作与竞争的学习环境，促进学生的共同成长。

最后，在课后评价环节，老师既要考查学生们在线上课堂的学习情况，也要结合学生们在线下课堂的积极性和参与度。最主要的是看学生有没有形成主动学习的习惯，变成能自我驱动的好学生。通过“空中英语教室”这个平台的学习，老师对学生学习的评价由传统方式转变到新方式，即评价主体从以教师为主转向以教师和学生“双主体”为主。学生在“空中英语教室”学习的过程中，看到自己成功“晋级”，增强了自信心，从而得到积极的鞭策和促进。老师通过学生线上线下学习过程的表现及学习效果，及时做出合理的评价，这样的“双主体”评价，才能真正帮助学生得到提升。

（二）转换教学角色

在混合式教学模式中，虽然突出“以生为中心”，但实际上对教师提出了更高的要求。如前文所述，教师在各个教学环节都是重要的参与者。这就要求教师改变角色以尽快适应新的教学模式。

1. 课程设计者。

老师只有了解了学生在每个学习阶段应该掌握哪些知识点，要解决哪些问题，学生的兴趣爱好和关注的话题，才能挖掘出知识的系统性和连贯性。因此，混合式教学课程设计这个环节就尤为重要。老师一定是新课程的主要设计者。例如，在设计课堂任务时，不能再机械地进行讲解，要通过贴近生活的真实语境，组织学生进行输出活动，如通过演讲、辩论、模拟面试、制作海报等形式，营造愉悦的课堂氛围，以增强学生的参与度。引导学生由浅入深地递进式学习，培养学生的思辨能力和语言综合运用能力。

2. 资源提供者。

老师不仅要能自己创作和生产在线的学习资源，而且可以帮助或引导学生通过各种渠道获得课外学习资源。“空中英语教室”平台资源丰富，这就需要老师根据自己的教学要求以及提升学生能力的需要，在线上为学生制订一系列的课程清单和测验，丰富拓展学生的知识，使学生的线上学习是在一定的情境下发生的，真正做到有效利用课程资源。

3. 线下课堂引导者。

在线下课堂，教师要引导学生主动思考、积极参与、大胆表达、深入探讨。保证讨论方向的正确性，进而引导学生正确地完成学习。线下课堂是对线上学习的检验、拓展和提升。教师根据学生在线学习过程中的问题及难点，精心设计课堂活动，如开展头脑风暴、讨论、小组合作等。教师还可以挖掘学生学习材料中的情感资源，捕捉学生情感发生点，引导学生联系现实社会和生活实际，以达到解决问题的目的。

（三）提升教学能力

新的角色要求教师具备新的能力，因此，混合式教学模式需要教师不断提高教学能力以适应新时代的要求。

1. 高水平的教学设计能力。

混合式教学模式要求教师在进行教学设计时科学地区分哪些在线上教学，哪些在线下教学。这就要求老师既要提升所教科目的专业素养，也要提升自己的提炼能力、分解能力及综合把控能力等。

2. 数字技术和信息技术的应用能力。

混合式教学模式会用到各种数字设备，如手机、平板电脑等，也会用到各种平台软件和工具软件。这就要求老师能熟练地使用这些平台软件。

3. 教学的实践能力。

不论传统教学模式还是混合式教学模式，成为一个好老师是我们不变的追求。在混合式教学模式下，教师需要做好课前、课上、课后的每一个环节，需要具备更好的学习、组织、引导、管理、评价能力。只有这样才能保证收到良好的教学效果。

混合式教学模式依据现代化教育教学技术，强调以学生为中心，坚持线上自主学习和线下课堂教学的完美结合，为初中英语教学带来了创新和发展的新方向。当然，这样的新模式对每位教师提出了更新、更高的要求。教师要做到与时俱进，不断学习和探索，努力打破传统理念，提升自己的专业素养，在教学实践中不断完善自己，以适应新时代的教学模式，进而提高教学质量，助力学生成长和发展。

四、基于混合式学习模式初中英语教师能力的培养与发展

在传统外语课堂教学过程中，教师往往是传授者及课堂的掌控者，主导着课堂。但随着教育的发展，学生的“主体性”和“自主性”的重要性日益彰显。同时，为了适应混合式学习模式，教师的角色必须进行转变。在混合式学习模式中，教师角色需要向高效课堂的设计者、教学资源的整合者及学生动态学习的监督者及评价者转变。角色的转变并不意味着教师不再主导课堂，而是对课堂的绝对掌控的程度下降。同时，也对教师的角色有了更高的要求。教师应当根据混合式学习的不同阶段、不同场景和模式切换角色。

通过引入数字化的“空中英语教室”，利用这项在线课程构建和丰富英语课堂教学，教师的角色也发生了转变。在设计课程与融合线上线下教学时，教师依然是课堂的引导者和传授者。但由于学生在线上学习“空中英语教室”在线课程时，教师无法及时面对面地观察学生的反应，所以与其说教师主导课堂，不如说在网络学习的环境里，教师在协助学生进行自主学习的过程中，更需要成为一个指导者、咨询者、协作者、调解者。换言之，教师是学生的学习伙伴。从教师发展的角度，随着教师角色的转变，必然对教师的能力与素养有了新的、更高的要求。

（一）能力发展要求

1. 应用信息技术能力。

随着信息化教育的推进，掌握现代信息技术已经成为教师专业素养的新要求之一。在混合式教学模式中，为了更好地融合网络与课堂教学，满足学生学习的个性化需求，教师除了具备基本的专业知识与技能外，还需要不断地主动学习信息技术，利用信息化教学达到既定的教学目标。因此，教师需要提升自身的信息素质，即提升获取、分析、加工和运用信息的综合能力。这个综合能力就包括了应用信息技术，以及运用信息技术进行外语教学和指导的语言学习的能力。例如，教师需要掌握各类课件的制作能力，同时需要熟悉和积累一些好的教学网站或者网上学习的资料、语料库，在学生需要的时候及时提供给学生，指导学生用好网络资源，巩固和拓展课堂所学知识，为课堂教学服务。

“空中英语教室”作为一个较成熟的在线课程资源系统，对于教师应用信息技术的能力要求也是相对较高的。该平台功能丰富多样。为了能够针对学生学习需求制订不同的学习方案，将学习效果最大化，教师首先应当具备将整套系统功能摸清，并熟练操作的能力。例如，根据学生的不同语言程度建立学习清单、阅读清单，通过规定学生视听和阅读的内容，有针对性地帮助学生提升语言水平；通过学习录屏软件和剪裁影片，能够将特定的影片引用到课堂教学进行播放和分析，丰富课堂内容，并帮助学生更好地积累；教师还能够通过评测中心，管理试题或者建立新试题，利用网络资源的优势快速、及时地反馈学生在网络学习的效果，并且利用系统提供的数据，科学全面地掌握学生的学习情况。此外，混合式学习模式除了让学生在家里也能够学习网络拓展课程的内容，还让教师将视频内容运用在课堂上。教师可以利用智能平板登入系统，在课上进行分组、小组协作的活动，以集体和小组学习的行为，丰富课堂活动，推动预定教学目标的实现。这些都需要教师具备快速学习和相当成熟的信息运用能力。

2. 整合课程资源能力。

在信息化教育的背景下，网络上出现了各种各样的课程资源。面对丰富繁杂的选择，教师应当提升整合课程资源的能力，即教师应当不断思考如何将数据资源最大化利用，从而优化课堂教学，满足学生的学习需求。整合课程资源意味着教师对单个甚至多个网络平台的海量教学资源进行整合，筛选出与教材相匹配的资源，将教学资源引入实际教学中，并且确保引入的教学资源能够达到预设的目的，也引导学生正确、有效地利用学习资源。在这一过程中，教师跳出了传统课堂的限制，利用了网络资源的时效性与时代性的特点，为相对滞后的课本教材增色。在整合课程资源的过程中，教师也能够更加关注不同学生的个性化学习需求，制订更具特色的学习方案；同时，多样化网络课程资源的存在，也倒逼着教师不断进行课程和教学革新，通过调整与引入不同的网络课程资源，不断地丰富和完善课程体系，让学生能够享受到更高质量的教育。

“空中英语教室”中的“课程学习清单”，正有利于教师提升课程资源整合能力。通过甄别、筛选节目主题，教师能够为教材的每一个单元匹配出相关课程资源。为了进一步提升学生的语言交流能力或文化素养，课程资源中也可以加入一些相对发散的课程资源，丰富学生的学习体验，提高课程内容质量。在平台上，教师能够建立课程学习清单，分组布置，并能够根据平台更新不断地调整、丰富，也能够根据学生的学习水平与学习需求，调整、更新课程资源的内容，甚至是修改课后评测内容和学生分组。这一功能实际上对教师的整合能力提出了较高的要求。

3. 构建学习环境能力。

所谓的学习环境，指促进学习者发展的各种支持性条件的总和。各种支持性条件包括各种资源、工具、人、活动、人际关系等要素。混合式学习环境，顾名思义，是基于混合式学习概念所构建的学习环境。由于其本身有机结合了面对面学习和数字化学习的特点，因此混合式学习的学习环境构建相较于传统的学习环境更为复杂与多元化。它需要搭建适应多种教学活动的物理环境，即教室和教学硬件资源、支持引入网络资源的网络系统和平台、设备等。除了外部条件，构建混合式学习环境也需要教师提升自身的能力。例如，教师需要优化自身的专业技术知识与教育理论素养，还要能够承担同时处理线下课堂与在线课程资源整合与制作的双重工作量。同时，混合式学习环境的创建也需要教师提高创设活动情境的能力。

例如，“空中英语教室”有着丰富的课程资源，教师可以在线上为学生制订一系列的课程清单和测验，丰富拓展学生的知识。但学习是在一定的情境下发生的，这就要求教师学会正确利用“空中英语教室”的课程资源，在网络学习之前和之后，在线下的教学中，提高任务情境的设置能力，强化线上资源与线下实际教学、学生的学习和生活之间的联系。此外，为了提高学生学习的积极性，教师也应当善于利用“人际关系”这一构建学习环境的要素，开发线上、线下的分组功能，组成“学习共同体”，加强对于小组式学习模式的运用，为学生创设出合作与竞争的学习环境。

4. 教学与科研能力。

教学能力是教师应具备的最基本的能力，但在混合式学习模式下，教学与科研创新能力成了教师需要进一步提升拓展的核心能力。原因是混合式学习模式要求教师不能墨守成规，需要发散思维，根据时代的特点和学生的多样化学习需求，不断精进教学设计、组织、预测、援助和评价这五个方面的教学能力。

为了达成教学理念的更新和能力提升，科研能力必不可少。互联网课程资源的出现，不仅为教师审视和研究原有的课程体系创造了有利的条件，同时也要求教师保持积极的科研精神与必备的科研能力，能够持续进行科研工作，并将科研成果运用到实际教学中。科研能力也包括研究能力，教师需要在教学实践和科研中不断反思自身不足，积极研究前沿的教育理念，将其消化和内化到自己的教育方法和理念中，促进自身各方面能力的发展与提升。尽管“空中英语教室”是一个相对成熟的课程资源体系，但同教育研究一样，并非一成不变，而是动态的、更新的，因此同样需要教师提高其科研能力。首先，通过阶段性地研究和总结学生学习数据，教师需要将其与研究学习的新的教育理念相结合，反哺到下一阶段的教学实践中。换言之，教师应当具备阶段性反思教学的能力，从而发现问题，改进自己工作的不足之处。其次，为了进一步提升科研意识与研究能力，教师也需要将心得体会书面化，结合相关理论，与其他教师研讨或发表在教育论坛和刊物上。这些都体现了教师的专业性和创造性，有利于其提高自身能力，更好地服务于课堂和学生。

（二）教师能力的培养方式

1. 与时俱进，终身学习。

随着互联网的发展，学生能够接触到的知识越来越多，教师不再是唯一的知识来源。此外，信息技术在教育教学中的应用与推广，也改变了传统的课堂及教学模式，进而使教师的角色发生了改变。因此，作为教师，为了培养能够适应混合式学习新模式的能力，应当树立更新自身的理念，不因循守旧，努力与时俱进。教师应树立终身学习的观念，积极利用网络和专业书籍等资源，学习和吸收最前沿的学科知识及教育教学理论，不断更新、拓展自身的知识结构，同时还要根据时代的内涵和发展要求，将学科知识以外的人文价值内化吸收，以信息技术为载体，将其投射到现实的教学当中。混合式学习模式的内容应当是动态的、发展的，因此教师只有具备终身学习的能力，才能够根据时代和技术的发展与变化，不断地进步，最终实现自身能力的可持续发展。

2. 组建团队，开展研究。

因教学任务繁重，教师难以很好地兼顾科研和教学，因此应当根据教师各自的专业背景和感兴趣的方向，将教学团队进行细分，按照类别整合师资，组建教学研究团队或科研兴趣小组。以促进教师专业发展为目标，团队共同研究混合式教学、教材建设、教材改革等内容，开展不同形式的教师专业发展与交流学习的活动。通过经验交流和资源共享，教师能够在思想的碰撞中更新专业思想、增加专业知识。另外，通过分配各自的任务，教师团队能够充分利用线上、线下资源开展研究和调查，从而带动教学的课题研究，从研究和学术的角度反哺教学实践，实现教研相长的英语教师专业发展。

3. 开展培训，创建环境。

教师的培训是提升教师的专业能力和素养的重要途径。首先应当建立和优化对于外语教师的培训体系，实施多元培训，如整合校内外资源，举办专题讲座与培训。应当重视对教师信息技术和网络应用方面能力的培养，并且当教师在平时教学中遇到技术问题时及时给予指导。除了学习基本信息技术技巧外，培训还应囊括引导教师提升正确筛选和整合网络资源的能力。同时，鼓励教师参加各类进修与培训，为其提供交叉学科的进修机会，拓宽教师的知识面，提高教师的专业能力与素质。此外，建立一个在线智慧平台，让教师能够自主进行案例学习或者经验分享交流，提高网络资源利用率，促进教师能力的培养与发展。

混合式学习模式是结合了课堂面授和网络辅助教学的新的学习模式尝试，对教师的角色和教师的能力发展都提出了新的要求和挑战。作为教师，应当具有积极的进步意识，为不断进步提供源源不断的内驱力。混合式学习模式下的英语教师应当具备基本的信息技术应用能力和课程资源整合能力，更要根据新的学习模式构建真实、高效的学习情境，在课堂实践以外积极进行科研活动，实现教学创新。教师只有根据时代要求不断发展进步，才能有效提高教学水平和质量，进而助力学生发展。

五、基于“空中英语教室”开展初中英语混合式教学模式下学生学习行为观察报告

早在2015年，国务院就提倡“互联网+教育”，鼓励学校利用在线教学平台开展网络学习。在线学习虽然已成为趋势，但不能仅停留在线上线下的简单结合，而应该实现课堂教学与互联网的深度融合，促进教师和学生之间的合作学习。在英语教学中，互联网课程应作为课堂的有力补充，为学生营造开放的语言学习环境。在此次试验中，为了提供有价值的在线学习体验，我校采用了“空中英语教室”网络课程。该课程的运营商根据学校学生的需求和教师的教学目标，量身定制了教学内容，课程结束后的练习和评测也针对学生的实际情况进行了个性化设计。自2020年9月至2021年6月，在近一个学年的时间里，我对学校初一年级两个小班开展了课堂结合“空中英语教室”线上学习的“混合式教学模式”试验，观察学生学习行为由此发生的变化，并探讨此次试验的效果。在线上课程初始，我对两个小班，一共34人作了两次线下的英语水平能力测试，以及让学生在线上做了“空中英语教室”提供的水平测试。要补充的一点是，线上的测试学生在以后的自主学习中可以随时开展，成绩会根据学习情况更新，测试出来的水平可以升级提高。我在全面了解了学生入校初的英语水平后，总结了班级整体特点：英语语言水平弱、词汇量少、不能完全听懂“空中英语教室”级别最简单的“大家说英语”节目里的全英对话、不能使用完整正确的句子进行简单的会话、英语语法薄弱。根据学生群体特点，在设置课程时，我结合了课堂教学的难度和要求达到的程度，以一周七天的频率给学生布置了线上自主学习的内容，主要是“大家说英语”和个别有较高学习能力要求的尝试“空中英语教室—初级”的课程。在此过程中，结合课堂反馈、平时学习情况以及线下作业评测等，对学生进行了长时间观察，进行了详细的问卷调查（附录1）和访谈，对此项混合式教学下学生的学习行为作出了一些总结和分析，得出结论如下：

（一）线上课程有助于发展大部分学生的自主学习能力

从小学过渡到初中，这个阶段的大部分学生自主学习的习惯还未形成。教学要以学生学为主，培养他们的自主学习能力是教学的目标之一。关于自主学习，根据 Dickinson 定义的自主学习者，其特征为：能理解教学内容、可独立确定学习目标、能选择适宜的学习策略并应用这些策略，以及能完成自学或者监控个人学习。为了发展学生在英语学习上的自主学习能力，必须尊重学生的个体差异，发展学生思维，把语言学习和生活紧密联系起来，借助线上线下的混合英语教学模式对传统课堂进行创新和优化。

1. 教学内容的选择和理解。

学生在进行“空中英语教室”线上课程的学习时，其选择的内容是丰富的，选择是自由的。学生在初始需要反复参加水平测试，直到测出最后的水平，作为他们选择课程难度的参考。在学生对自己的语言条件有了比较清晰的认知后，他们对学习内容的选择就不是完全由老师统一安排。从问卷和个人访谈我了解到，学生有了主动搜索选择学习的内容的权利后，他们在线上学习中，在自己擅长的方面得到很多的成就感和满足感，同时他们考虑更多的是自己的短板和如何去提高。这 34 人均在问卷中反馈到，通过线上学习，他们能够自主发现问题和主动去解决问题。学习者由被动去接受，变为主动去解决现实中的个体问题；学习由“一个群体”的集体任务变为“个人”的提升和成长。

综合每周评测数据，我发现，经过了一个学年的线上课程，学生能够选择适合自己的课程难度并进行有规律和有组织的学习，在学习内容理解方面没有太大问题。每个课程要求的词汇、听力、语篇、评测等板块，学生基本在及格线上。学生个体的发展虽然不平衡，但整体上成长很大。

2. 学习目标和策略。

学生的学习目标是明确的，他们在学期结束前需要继续进行语言水平测评，与线上课程开展前的成绩作对比，完成进阶和升级。对比 34 个学生的首次和末次考核，近 80% 的学生成绩提高较明显，将近 20 位同学认为可以进入更高程度课程的学习。

但是，这个“升级”目标是课程和老师要求每个学生要达到的统一目标，学生是否能独立确定自己的学习目标，我借助访谈和问卷了解到这个情况：学生在平时课堂学习中明确了自己的强项和弱项后，有针对性地在自己需要的学习板块中投入了比较多的专注度和学习时间，同时调整策略来学习。例如，每个学生都提到“词汇量少”的问题，在线上学习他们都非常关注“Language Lab”这个板块，以及每次的对话访谈节目中的全英文标题部分，都看得比较仔细。有部分同学通过记笔记和反复观看来增强学习效果。基于初中学生普遍学习能力弱、语言学习习惯不稳定的特点，在了解到他们的需求和困难后，老师在课堂教学中给予了适量的帮助，刻意引导全体同学共同学习，包括增加学习时间，给出具体任务，如做词汇笔记、模仿朗读等，有意识地向学生输入“提升线上自学专注和保持线上自学成果”的想法，帮助学生稳定学习习惯，在发展学生语言技能的同时，促使学生接近和达到更高级的自主学习，即无意识地、自觉地学习。

3. 监控个人学习。

这个监控个人学习，我理解为养成一个学科或者该学科不同方面的学习习惯，放在英语学习中，它包含听力、会话、语篇阅读和写作的学习习惯。从学生问卷中我了解到，线上课程在提高英语听力能力方面优势很大。它能提供许多语言情境和多种话题，借助短视频模块组合的优势，使学生进行较长时间的学习。同时，语言教学中，老师需要给学生创设尽可能多的语境，课堂时间有限，线上课堂是一个不错的补充，既保证了学习时长也保证了学习频率。学生可以养成每天进行英语听力练习的习惯。刚开始，学生需要依靠老师的监控，即老师记录每天的线上学习时长，每周的上机频率和每个课程的学习时长，定期反馈给学生和家长。到了后期，全体学生均能养成习惯，定期上线，保证自己的线上学习。监控个人学习逐渐由被动变成主动。

因此，学生的自主学习能力在“线上 + 线下”混合式英语教学模式中取得了极大的提升。

（二）学生以全新视角进行文化对比，发展思辨能力

《普通高中英语课程标准》明确了中学英语学科要求学生培养的核心素

养：语言能力、文化意识、思维品质和学习能力。其中，文化意识目标为输入文化知识后进行理解、比较、汲取精华，最终形成正确的价值观和坚定文化自信。思维品质目标是帮助学生正确评判各种思想观点、创造性表达自己的观点，使其具备多元思维意识和创新思维能力。新课标下的英语教材突出了中西文化对比导向，线上的课程辅助课堂教材，大量拓展文化知识和提供思考话题。许多文化话题，有不少深受初中学生喜欢，如健康、科技、旅游、节日、美食、体育、竞技、互联网发展等。而且，线上课程具有网络的可视化和动态更新的特点，线上线下两者结合，效果良好。在课堂上，老师借助课文的话题，引导学生进行文化学习和对比，同时让学生在线上课程搜索同类话题的素材，深入了解学习内容。学生反馈到，线上课程话题更新速度很快，与当代发展紧密结合，充满了“新物料”，让他们耳目一新，甚至冲击了他们对很多事物固有的刻板印象。学生自发地进行讨论，并在课堂中提出了疑问。老师借此组织学生分享心得和阐述自己的理解，综合学生意见，引导学生进行更深入的思考，让学生有更多机会去进行文化对比，并在过程中发展学生的思辨能力。这些文化理解和冲击中的产物，在老师的辅助下，形成了文字作业，为初中生日后的写作积累材料。

（三）包容的线上学习课程保护了学生的学习兴趣

学生的兴趣爱好是包罗万象的。初中学生在课业量增大、难度加大和考试竞争等压力下，最初的学习兴趣比孩童时期减弱，甚至有学生出现“厌学”。课堂教学以教师为主导，学习内容比较固定，训练模式较为统一，教师应该尊重其个性发展，积极去保护他们的学习兴趣。线上课程的优点很多，如话题非常广泛，内容和时代潮流紧密结合，在此基础上还划分了语言难度等级，因此学生总能在包容的课程中找到自己感兴趣的。在访谈学生的时候发现，有部分学生发展了不少“新兴趣”——他们在学习过程中，接触到了新的知识，激发了他们对世界的探知欲望和对生活的热爱。不少学生因为一些新鲜的话题还发展了新的兴趣爱好，尤其是科技创新和体育竞技类。除了对内容有兴趣，学生在问卷里基本都反馈到，线上课程因其特别的设置，每个课程就类似一个“电视节目”的动态资源，学生可以通过观看短视频、小品、访谈对话、诵读和词汇讲学等，进行碎片化学习，获得新知识。学生在线上拓展视野、接触世界。因此，线上课程使得学生的兴趣得到保护和激发，从而助力课堂教学。通过观察发现，学生自主习得的语言和知识在课堂上不时“爆发”，学习新课文由前期被动理解变成了主动探索。他们能够很迅速地把课文和线上课程话题结合起来去理解和拓展，主动使得课堂学习变得生动有趣。线上学习同时也是作业的一部分，从访谈中，老师了解到相比传统纸质作业，学生更喜欢视频类和表演类的线上作业，在完成线上评测作业方面做得比较好。

教师使用“空中英语教室”开展初中英语课堂“线上＋线下”混合式教学后，学生的自主学习能力有良好的发展和提高，学生的英语学习兴趣有明显的体现和增加，学生的文化视角有良性的变化和拓宽，学生的思辨能力与语言能力同步发展。以上的学习行为变化均不完全因老师的要求被动产生，更多是在老师的辅助下，学生自发主动形成。英语学科式混合式教学模式效果比较明显。

第三章

智能化时代的英语教学路径

第一节　智能环境下的词汇教学

一、英语词汇教学的重要性

（一）词汇是英语语言学习的基础

英语是一种语言，而词汇是构成语言的基本单位。没有词汇，就无法构成语言，就像建造一座房子需要砖石一样，词汇是构建英语语言的基础。没有足够的词汇量，就无法进行正常的阅读、听力、写作训练和口语交流。因此，词汇教学是学生学好英语的基本前提。

（二）词汇教学是初中英语教学的重点

初中是英语学习的重要阶段，其中词汇教学是重点之一。初中英语教学的目标是使学生具备一定的听、说、读、写、译的能力，而这一切都建立在足够的词汇量的基础上。因此，初中英语教师非常重视词汇教学，并采用各种教学方法和手段来帮助学生掌握足够的词汇量。

（三）词汇教学能提高学生的英语应用能力

掌握足够的词汇量能够更好地理解和运用英语，从而提高英语阅读、写作和口语交流的能力。当学生的词汇量足够时，他们能够更好地理解英语文章的含义，从而提升阅读理解的能力。同时，他们也能够运用更多的词汇进行写作和口语交流，从而提高英语表达的能力。

（四）词汇教学能提高学生的语言意识和文化意识

词汇不仅有本身的含义，还蕴含着丰富的文化信息。通过词汇教学，学生可以更好地了解英语文化和思维方式，提高语言意识和文化意识。例如，英语中一些单词的用法和含义可能与中文有所不同，这反映了英美等西方国家的文化特点。通过词汇教学，学生可以了解这些文化差异，从而更好地理解和运用英语。

二、初中英语词汇教学的要求与特点

（一）教学要求

1. 掌握基本的词汇量。

初中生需要掌握的英语词汇量在1500—1600个左右，这些词汇包括常用单词、短语。学生需要掌握这些词汇的发音、拼写、基本含义和用法，这是学好英语的基础。

2. 理解词汇的语境含义。

单纯记住单词的发音和拼写并不是词汇学习的全部，学生还需要理解词汇在具体语境中的含义和用法。同一个单词在不同语境下的含义可能有所不同，例如“book”这个单词既可以表示书，也可以表示预定，因此学生需要了解单词在不同语境下的含义和用法。

3. 掌握词汇的语法规则。

英语单词有不同的词性，如名词、动词、形容词等，这些词性决定了单词的用法和语法规则。学生需要了解这些规则，如动词的时态和语态、名词的单复数等，这是正确运用英语的基础。

4. 学会运用词汇。

学生需要学会在书面和口头表达中运用所学的词汇，并能够正确地运用词汇表达自己的思想。例如，学生需要知道如何使用单词进行描述、比较、分类等，能够运用所学词汇进行阅读、写作和口语交流。

5. 了解词汇的文化背景。

英语单词和短语背后往往蕴含着丰富的文化信息，如历史背景、风俗习惯、价值观念等。通过词汇教学，学生可以了解单词和短语背后的文化背景和含义，这有助于他们更好地理解和运用英语。例如，“Christmas”这个单词不仅是一个节日名称，还蕴含着西方文化的背景和习俗。通过词汇教学，学生可以了解这个单词的文化背景和含义，从而更好地理解和运用这个单词。

（二）教学特点

1. 线上与线下相结合。

英语词汇混合式教学结合了线上和线下的教学形式，既有线上的自主学习，又有线下面对面的交流和指导。这种教学方式可以充分发挥学生的主体性和教师的指导作用，提高教学效率和质量。学生可以在线上自学词汇的基本概念和用法，然后在课堂上与教师和同学进行讨论和练习，加深对词汇的理解和掌握。

2. 多种教学方法综合运用。

英语词汇混合式教学综合运用了多种教学方法，包括讲授、演示、实验、讨论、答疑等。教师可以根据学生的特点和需求灵活选择和运用不同的教学方法，提高教学方法的针对性和有效性。例如，在讲解某个词汇的用法时，教师可以先进行讲授，然后通过演示和讨论来帮助学生理解，最后通过练习和答疑来巩固学生的学习成果。

3. 注重学生的参与和合作。

英语词汇混合式教学注重学生的参与和合作，通过小组讨论、协作学习等形式，鼓励学生主动参与，培养学生的合作精神和团队协作能力。例如，教师可以安排学生分组进行词汇练习和讨论，通过小组合作来解决问题和提高词汇掌握水平。

4. 提供多样化的学习资源。

英语词汇混合式教学提供了多样化的学习资源，包括在线视频、教学课件、实验资源等。学生可以根据自己的需求和兴趣选择适合自己的学习资源，提高学习的自主性和灵活性。例如，学生可以在线观看词汇讲解的视频、查阅词汇表和例句，或者参加在线词汇测验和练习等。

5. 进行个性化教学。

英语词汇混合式教学可以根据学生的个性特点和需求进行个性化教学，提供有针对性的指导和帮助，满足学生的不同需求，提升教学效果。例如，对于一些基础薄弱的学生，教师可以提供更多的基础词汇讲解和练习，而对于一些成绩较好的学生，教师可以提供更高难度的词汇学习和挑战。

6. 及时给出教学反馈。

英语词汇混合式教学可以及时给出教学反馈，包括作业批改、考试成绩等。学生可以根据反馈及时调整自己的学习策略和方法，提高学习效率和质量。例如，如果学生在词汇练习中出现了错误，教师可以及时指出并给予纠正，帮助学生更好地掌握和理解词汇。

三、“空中英语教室”在英语词汇教学中的混合式应用效果

随着现代化信息技术的不断发展，学习越来越信息化、智能化。基于线上学习课程“空中英语教室”而开展的混合式教学模式，除了课堂上的面授与网络学习混合外，还体现在传统学习与移动学习、泛在学习和智慧学习等不同学习形式间的混合，使混合式学习的内涵及内容得到丰富和完善。混合式学习可以充分调动各种教育资源，有利于学生对知识的掌握，增强学习的积极性和自主性。

（一）现阶段初中英语词汇学习现状

新课标要求英语课程实施应成为学生在教师指导下构建知识、提高技能、发展心智和拓宽视野的过程。学生在教师的指导下，通过感知、体验、实践、参与和合作等方式，实现任务的目标，感受成功，以形成积极的学习态度，促进语言实际运用能力的提高。

词汇教学对于英语教学来说是极其重要的。词汇教学不仅是初中英语教学工作的基础，更是学生英语学习路上的基石。良好的词汇教学方式不仅可以在知识方面帮助学生打下基础，更重要的是，能够帮助学生从学习的过程中养成良好的学习习惯，使学生养成学习词汇的正确方法，并将其贯穿英语学习的始终。可以说，在基础阶段英语词汇学习方法对于学生长久地学习和发展具有重要的意义，也是促进学生创新的重要导向。英语新课标指出对初中毕业生在词汇方面要求“能掌握800个左右单词，200条左右习惯用语及固定搭配”“扩大400—500个左右的认读词汇”。这就要求教师科学地、系统地把单词教给学生，把词汇放在一定的语境里教，才能让学生更好地掌握单词的词义、词类、固定搭配和习惯表达等。然而在实际教学中，有些教师

只注重语音、语法和句型的教学，而没有对词汇给予足够的重视。学生在平时的学习中没有养成学习和积累词汇的习惯，而是死背词汇表，将词汇的音形脱离，形义脱离，往往在考试前临时突击背一下，考试后又忘了大部分。这样的学习毫无章法，学生对词汇读音摸不准，意义摸不清，拼写易错，花在记背单词上的时间多但遗忘快。词汇的匮乏极大地影响了听说和阅读理解能力的提升。学生在听说训练时因为不认识单词而听不明白、说不好英语；阅读时遇到生词不能根据词汇知识结合语境去猜测词义；写作时明明有话可说却苦于词汇量少而表达不清。学生找不到正确的学习方法，进而对英语学习失去了信心，从而也失去了兴趣。由此可知，词汇教学是英语教学中极为重要的一环。学生只有打好坚实的词汇基础，才能有效地在听说读写等方面得到提高和发展。除了熟练掌握课本词汇，适量扩充课外词汇是学生提高英语能力的必经之路。

（二）基于“空中英语教室”的混合式教学

1.“空中英语教室”背景介绍。

英语课程力求合理利用和积极开发课程资源，给学生提供贴近学生实际、贴近生活、贴近时代的健康内容和丰富的课程资源；要积极利用音像、电视、书刊、网络信息等丰富的教学资源拓展学习和运用英语的渠道；积极鼓励和支持学生主动参与课程资源的开发和利用。伴随信息技术的快速发展，大量的教学辅助工具涌入教育领域，线上线下教学相结合的教学模式逐渐为教育工作者们接受，学生们也逐渐从新型的信息化教学方式中受益。2018 年引入的《空中英语教室校园教育云》（简称“空中英语教室”）是 1962 年由彭蒙惠博士在台湾的广播电台创办的一档在线英语教学节目。经过 50 多年的发展和完善，已有丰富的音视频教学节目并搭配杂志，节目和杂志每周全新制作并按初、中、高难度分级。这套在线课程资源信息量巨大且兼有时代感和实用性，对相对滞后的普通教材能起到良好的互补作用。目前这个课程已经在初一年级使用大约有四年，旨在提升中学生对在线课程的利用率，提升教育质量和公平性，同时为学生和老师提供丰富新鲜的知识，给学校教育理念、课程和教学法带来创新。学生学习词汇最好是在适当的语境中，长期保持大量的语言听读输入，并结合相关的词汇知识加强认知和运用。“空中英语教室”提供了良好的语言环境，创立“语音课堂’将学生课堂内外、线上线下的词汇学习连接起来，构建了学生在线自主学习与常规课堂交互相结合的混合式学习策略，为学生学习词汇提供了一种新的学习途径。

2. 混合式教学模式。

“空中英语教室”有三档教学节目。初级课程《大家说英语》主要是会话练习，辅以语法和词汇讲解，帮助学生迅速提升英语听力，实现用简单的词说漂亮英语的目的，并覆盖初中课标要求的语法词汇要求；中级“空中英语教室”引入丰富的阅读，全面提升学生的听说读写译五大技能，覆盖高中课标学习要求；高级《彭蒙惠英语》筛选世界一流的报刊内容，为学习者打开一扇面向世界的窗口，达到精英级的英语水平。三档教学节目梯度清晰、话题丰富，突破了学校教学的单一梯度局面，为各能力层级的学生提供了开放的学习空间。混合式教学由线上学习和课堂教学两个部分组成。整个教学涵盖课前、课中和课后三个方面。

（1）与课堂教学相融合。

根据学校课本的话题，老师在课堂上播放线上课程中相对应的话题节目，引导学生对节目中出现的语言、思想和文化等方面进行探讨，作为本课教学内容的引入或学后延展补充。节目内容新颖有趣，能很好地激发学生的学习热情。有的班级在每节英语课开始后或结束前留出 10 分钟时间播放当天的部分节目，学生记笔记，养成积累词汇的习惯。

（2）与作业有机结合。

学校在周末或假期给学生布置有关“空中英语教室”的家庭作业。通常周末观看四个节目并完成一个测评。观看节目过程中，学生需要学习节目的重点词汇，掌握重点词汇的发音、拼写、词义和用法，在作业本里摘记语言点。记录的过程有助于学生加深词汇在语境中的理解和运用。节目观看后有一个与之有关的听力和阅读理解测评，学生完成后成绩数据会上传数据库记载。

（3）与课外活动联系。

学生在老师的引领下开展与线上学习相关的活动，定期或不定期地安排一个课时的活动展示课，通常有两个模式。一个是“翻转课堂”模式，教师布置“空中英语教室”课前预习任务，学生在课堂上做实践性练习。另一个则是“任务式合作”模式，学生以小组为单位，选择一个话题，模仿“空中英语教室”的授课方式呈现自己的话题节目。还有其他多种活动方式，如片段配音、同声传译、话题辩论、演讲表达、娱乐拓展等。老师指导学生要领，对活动进行点评，推动学生运用“学中活用、用中优学”的词汇学习模式。

（4）与评价方式联系。

“空中英语教室”课程系统可以每天提供学生登录线上学习的视听数据，包括学习时长、学习课程数量、学习总时数、学习影片数量、登入系统次数、听力阅读评测成绩等，为学生们的自学提供个性化的自我检验，促进他们的分级提升。

3. 混合式教学效果分析。

线上课程辅助词汇教学改变了学生的学习方式，使个性化学习成为可能。在教师的指导下，任何级别的学生都可以自由选择学习目标、学习内容、学习方式，根据自己的知识基础和学习进度进行选择，不必跟着统一的步骤走。

（1）学生对英语词汇学习的态度发生了一些积极变化。如在词汇混合式教学前，大多数学生平时不会有意识地去学习和记忆英语词汇，通常是在考试前临时突击，靠读、写、记等死记硬背的方式来记忆单词，记忆效率非常低。在开展混合式教学后，W 同学在问卷调查中表示：原来英语词汇可以随时随地学习，可以通过看视频、听讲解、结合语境理解记忆，这样学生不但容易记住单词的意思，还知道了在什么情况下可以使用这个单词。学生热爱观看“空中英语教室”节目，零负担增加词汇量。

（2）学生学习英语的效率在提高。X 同学一直都在努力地记背课本单词，尽管如此，这位同学还是难以取得令人满意的进步。因为英语语言的学习，是建立在基础词汇掌握的基础上，学生无法掌握词汇，无形之中就已经形成了学好英语的障碍。从初一下学期开始，X 同学坚持“空中英语教室”线上听、读课程的学习，根据“空中英语教室”提供的数据显示，在一年的时间中，X 同学的学习节目数量平均每周 23 个，学习节目时数 240 分钟，学习课程数量 11 个。在不懈努力下，X 同学英语词汇记忆数量大量增加，每周的听力和阅读评测成绩逐步提升，在听力、口语表达、阅读和写作几方面都有明显改观。

（三）运用“空中英语教室”开展词汇混合式教学的思考

1. 线上线下混合式词汇教学的优势。

在传统英语词汇课堂教学过程中，引入现代化的教学手段，与近年来所提的“深度融合”与“混合式教学”不谋而合。混合式教学将面授学习与利用网络开展的自主学习相结合，充分利用两种学习方式的优势，便于提升教学效果，优化学生的学习方式。通过开展英语词汇混合式教学，一方面能够培养学生的自主学习能力，另一方面能够形成学生在学习过程中的自我反思意识。混合式学习的开展，重点在于强调以学生为教学中心，教师以辅导的教学方式，通过调动学生的学习积极性，使其自主完成学习任务，并引导学生积极参与课堂，平等对待师生关系，实现个性化教学，使学生成为教学的主人。

2.“空中英语教室”混合式教学实践中存在的问题。

（1）客观环境对学生词汇学习的影响。

在“空中英语教室”词汇混合式教学实践过程中，发现这个阶段的学生由于对网络世界充满了未知和好奇心，导致出现部分学生在家学习时浏览与教学内容无关的网页、新闻，甚至有学生偷玩电脑游戏等现象。有些家长会有意识地去监督孩子的学习过程，但有些家长则对此重视不够，不能起到很好的监督和督促作用。因此，在混合式教学实践中，需要强调学生使用网络学习的约法守则，并争取家长最大力度的支持和协助。

（2）部分学生进入词汇学习懈怠期。

虽然学生英语词汇学习的积极性在提高，词汇记忆量在增大，但在“空中英语教室”中提供的听力和阅读方面的练习参与不积极，完成度相对较低。在平时的口语表达和写作练习中，结合语境主动再现目标词汇的频率也不高。部分学生不能从词汇学习中获得成就感，逐渐产生懈怠。在接下来的混合式教学实践中需要加强学生的英语语言运用能力，并注重学生词汇学习的评价。对词汇掌握和运用能力特别突出的学生给予一些奖励，以便能够让学生建立起长期自学词汇的习惯和兴趣。

四个学年的教学实践表明，以“空中英语教室”为资源的混合式词汇教学优于传统课堂。大部分学生自主学习语言的能力和解决问题的能力得到提升。这些教改成果体现在学生的学习态度和状态的积极转变，以及课后作业和活动质量的提高。不可否认的是，这一教学模式还存在不足，需要在今后的教学实践中不断完善。

第二节　智能环境下的阅读教学

一、初中英语阅读教学的重要性

初中英语阅读教学对于培养学生的阅读理解能力、扩展词汇量、提高写作水平、促进口语表达、增强文化意识以及提高学习英语的兴趣都具有重要的意义。

（一）培养阅读理解能力

阅读理解能力是英语学习的重要技能之一。通过阅读，学生可以锻炼自己的理解能力，学会分析文本的结构和内容，掌握一定的阅读技巧。例如，在阅读一篇关于英语学习的文章时，学生可以通过理解文章中的词汇、句子和段落来理解文章的主要观点和论述方式。

（二）扩展词汇量

阅读是扩展词汇量的有效途径。在阅读过程中，学生会遇到大量的生词，通过上下文理解、词义猜测等方式，可以逐步掌握这些词汇，从而扩展词汇量。例如，在阅读一篇关于野生动物的文章时，学生会遇到“lion”“tiger”“elephant”等新词汇，通过上下文理解和词义猜测，学生可以逐步掌握这些词汇的含义和用法。

（三）提高写作水平

通过阅读，学生可以学习到不同类型、不同风格的文章，吸收其写作技巧和表达方式。在写作练习中，可以模仿或借鉴阅读中获取的技巧和表达，提高自己的写作水平。例如，在阅读一篇描述景点的文章时，学生可以学习到如何用英语描述景点，将其运用到自己的写作练习中。

（四）促进口语表达

阅读可以帮助学生积累语言素材，提高口语表达能力。通过阅读，学生可以接触到地道的语言表达方式，学习到如何用英语表达自己的观点和想法。例如，在阅读一篇关于电影的评论时，学生可以学习到如何用英语表达自己对电影的看法和感受，将其运用到自己的口语表达中。

（五）增强文化意识

阅读可以帮助学生了解不同国家和地区的文化，包括历史、风俗、价值观等。通过阅读，学生可以拓宽视野，增强对文化的认识和理解。例如，在阅读一篇关于英国文化的文章时，学生可以了解英国的历史、风俗和文化特点，从而增强对英国文化的认识和理解。

（六）提高学习英语的兴趣

阅读有趣的英语文章可以激发学生对英语学习的兴趣。当学生发现自己喜欢阅读的内容时，会更加积极主动地学习英语。例如，学生可能对科幻小说感兴趣，通过阅读科幻小说，他们可以发现英语学习的乐趣，更加积极地学习英语。

二、智能化环境下的英语阅读教学内容

智能时代初中英语阅读教学的混合式教学是一种结合线上和线下教学的方法，旨在提高学生的阅读能力和自主学习能力。通过线上自主学习和课堂互动交流的结合，学生可以更好地掌握阅读技巧和提高阅读能力，同时也可以培养自主探究和独立思考的能力。教师可以通过混合式教学评估，更好地了解学生的学习情况，为后续的教学提供参考和指导。

（一）线上教学阶段

在课前，教师可以为学生提供线上阅读材料，包括文本、视频、音频等多种形式。这些阅读材料可以是一些英语新闻、故事、科普文章、电影片段等，旨在激发学生的阅读兴趣和拓宽学生视野。学生可以自由选择时间和地点进行自主学习，并完成相应的阅读任务，如阅读一篇英语新闻，记录其中的重要信息，或者回答一些相关问题。通过线上自主学习，学生可以培养自主探究和独立思考的能力。

（二）线下教学阶段

在课堂中，教师可以根据线上阅读材料的内容和任务，组织学生进行小组讨论、展示和分享。例如，在阅读了一篇英语新闻后，教师可以让学生分

组讨论该新闻的主题、重要信息和发展趋势，并选出代表进行展示和分享。通过课堂互动和交流，学生可以更好地理解阅读材料，提高阅读能力和口语表达能力。同时，教师也可以在课堂中进行知识点讲解、阅读技巧指导和答疑解惑，进一步提升学生的阅读能力和学习效果。

（三）混合式教学评估

在教学结束后，教师可以根据学生的线上阅读任务完成情况、小组讨论表现、课堂展示等进行综合评估，以了解学生的学习成果和问题。例如，教师可以根据学生的阅读任务完成情况给予评分，或者根据学生的小组讨论和展示表现进行评价。通过评估结果，教师可以了解学生的学习情况和问题，为后续的教学提供参考和指导。同时，教师也可以通过线上反馈和指导，帮助学生更好地掌握阅读技巧和提高阅读能力。

三、智能时代阅读教学改善方法

初中英语阅读教学的发展，对学生提升英语阅读能力发挥着不可忽视的作用，而不同的教学模式为学生带来截然不同的学习体验。初中英语混合式教学是初中英语阅读教学未来发展的趋势。究竟应当如何开展混合式教学，值得每一位英语教师深入思考。从硬件设施、平台技术、教学理念到实际操作等诸多环节，都会成为影响教学开展的因素。

（一）构建完善智能化教学平台

混合式教学是一种结合线上和线下教学的方法，通过结合实体教学和虚拟教学，实现教学资源的优化配置，提升教学效果。在混合式教学开展过程中，硬件设施成为混合式教学的技术设施基础，尤其是线上虚拟教学部分对技术设施的依赖性很强。因此，教师想要顺利完成初中英语混合式阅读教学模式的构建，首先需要做的就是建造信息化教学平台，不断完善混合式教学技术设施。

在混合式阅读教学模式的构建中，教师需要围绕教学内容，匹配针对性更强的阅读教学资源。例如，在“What time do you go to school?”一单元，教师可以根据本单元的教学内容，利用信息化教学平台，提供与阅读相关的背景知识、词汇表、语法知识等资源，帮助学生更好地理解阅读材料。同时，教师还可以利用教学平台进行线上测试和作业布置，监督和跟踪学生的学习进度和效果。

此外，完善混合式教学技术设施也是非常重要的。这包括建立在线学习平台、教学管理系统、学生评价系统等设施。通过这些设施，教师可以实现教学信息的数字化管理，提高教学效率和质量。例如，教师可以利用在线学习平台进行线上课程的录制和发布，学生可以随时随地进行在线学习。教学管理系统可以记录学生的学习进度和反馈，为教师提供全面的教学数据分析。学生评价系统可以对学生学习效果进行实时评估和反馈，帮助学生更好地了解自己的学习情况。

（二）发展强化混合式教学理念

发展混合式教学理念，提供混合式教学理论指导，是推动初中英语混合式阅读教学发展的重要步骤。混合式教学理念是指导混合式教学实践的重要思想，它能够为教师提供科学的教学指导，使教师更好地理解和掌握混合式教学的本质和目的，从而提升教学效果。

在发展混合式教学理念的过程中，教师需要注意以下几点：

1. 强调学生的主体地位。混合式阅读教学应该以学生为主体，以学生的需求和兴趣为导向，注重培养学生的阅读能力和自主学习能力。

2. 结合线上和线下教学。混合式教学应该充分利用线上和线下教学的优势，实现二者的有机结合，为学生提供更加全面、多样化的学习体验。

3. 灵活运用各种教学策略。在混合式阅读教学中，教师应该根据不同的阅读材料和学生的学习情况，灵活运用各种教学策略，如问题导向、小组合作、案例分析等，以激发学生的学习兴趣和积极性。

在提供理论指导方面，教师需要了解和掌握相关的理论框架和教育理念，如建构主义教学理论、信息技术与课程整合教学理论等。这些理论能够为教师提供科学的指导，使教师更好地理解和应用混合式教学，从而更好地开展初中英语混合式阅读教学。

以“How do you get to school?”一单元为例，教师在开展混合式阅读教学时，需要将教学重点放在培养学生的阅读能力和语言运用能力上。通过线上和线下教学的结合，提供丰富的学习资源和活动，如阅读材料、视频、小组讨论、个人写作等，鼓励学生积极参与学习和交流。同时，教师还需要注重评价和反馈，通过作业、测验、小组讨论等方式了解学生的学习情况，及时给予指导和反馈，帮助学生改进学习方法，提升学习效果。

（三）积极推动智能化环境下的混合式教学实践

进行混合式教学实践是提升英语阅读教学质量的重要步骤。通过实践，教师可以进一步发现和解决问题，完善教学理念和教学方法，从而提升教学效果。同时，混合式教学实践也为初中英语阅读教学的发展提供了宝贵的经验和支持。

在进行混合式教学实践前，教师需要认真准备，制订详细的教学计划和实践方案。在实践过程中，教师要密切关注学生的学习情况，及时调整教学策略和教学方法，确保混合式教学能够取得良好的效果。在实践结束后，教师要对实践结果进行总结和分析，找出存在的问题和需要改进的地方，为今后的教学提供参考和借鉴。

以“Is there a post office near here?”一单元为例，教师在进行混合式教学实践时，可以先通过线上教学平台发布预习任务，让学生了解本单元的阅读材料和相关词汇。然后在课堂上进行线下教学，讲解阅读材料，引导学生进行课堂互动和讨论，加深学生对阅读材料的理解。课后，教师可以通过线上教学平台发布阅读作业和测试题目，检验学生的学习效果。同时，教师还可以通过教学平台收集学生的反馈意见，及时了解学生的学习情况和问题，为今后的教学提供参考和借鉴。

第三节　智能环境下的听说教学

一、听说教学的重要性与对策

初中英语教育应该重视听说教学，创造良好的语言环境，提供丰富多彩的听说材料，采取多种教学方法和手段，提高学生的听说能力和语言表达能力，为学生的全面发展和未来的职业发展打下坚实的基础。

（一）重要性

1. 培养学生英语听说能力和语言表达能力。

通过听说教学，学生能够学习到正确的英语语音、语调、语法等语言知识，培养英语听说能力。同时，通过听说训练，学生能够锻炼自己的语言组织能力和表达能力，能够用英语准确、流畅地表达自己的观点和想法。

2. 提高学生听力理解水平。

听说教学能够帮助学生提高听力理解水平，让学生更好地理解英语语言文化。通过听力材料的训练，学生能够逐渐提高自己的听力水平，更好地把握英语语言的细节和语调，从而更好地掌握英语语言。

3. 提供丰富的语言实践机会。

听说教学能够为学生提供丰富的语言实践机会，让学生在真实的语言环境中体验和学习英语。学生可以通过角色扮演、对话、话剧等形式的听说训练，亲身体验英语语言的运用，从而提高语言运用能力和交际能力。

4. 培养自主学习能力和合作学习能力。

听说教学还能够培养学生的自主学习能力和合作学习能力。在听说训练中，学生需要主动参与、思考、表达，从而形成良好的学习习惯和学习方法。同时，学生也需要与他人合作、交流，培养团队合作和沟通能力，从而形成良好的合作学习能力。

（二）教学策略

1. 素材选择。

选择适合的英语听说素材是非常重要的。选择原汁原味的语言、具有实用性和适宜难度的素材可以帮助学生提高他们的听说能力。同时，选择具有趣味性的素材可以激发学生的兴趣，提高他们的学习积极性。

（1）原汁原味的语言。

选择来自以英语为母语的国家（如美国、英国、澳大利亚等）的听力材料，可以确保学生接触到的是纯正的英语。这些材料可以包括电影、电视节目、播客、访谈、讲座、新闻报道等，为学生提供丰富多样的语言输入。通过接触原汁原味的英语，学生可以更好地理解英语的语音、语调、惯用语和表达方式，从而提高他们的听说能力。

（2）实用性强的材料。

选择与现实生活紧密相关的听力材料，可以使学生更容易理解和应用所学的语言知识。这样的材料可以包括日常对话、电视节目、电影片段、访谈节目、讲座、新闻报道等，这些内容通常与人们的日常生活息息相关。通过学习这些材料，学生可以更好地理解英语在实际交流中的运用，提高他们的口语表达能力。

（3）难度适宜的材料。

在选择听力材料时，需要考虑学生的英语水平和理解能力。过于复杂或快速的听力材料可能会使学生感到挫败，从而失去学习的兴趣。因此，教师需要根据学生的实际情况选择适合他们的听力材料。例如，针对高中生的英语听说课程，可以选择一些与高中生活相关的电影、电视节目、讲座等，这些内容既贴近学生的生活，又符合他们的英语水平。

（4）趣味性强的材料。

选择趣味性强的听力材料可以激发学生对英语听说的兴趣。有趣的材料可以吸引学生的注意力，使他们更加投入地学习。例如，可以选择一些幽默的短片、有趣的播客、访谈节目等，这些内容可以激发学生的兴趣，提高他们的学习积极性。

2. 全新模式。

智能化听力教学模式基于建构主义学习理论，强调学生在听力学习过程中的主动性和参与性。该模式摆脱了传统的听力教学中侧重于做题和测试的旧理念，采用新的教学方法，根据听力材料的特点设计听力步骤。

（1）选定并导出某个情境。

教师根据学生的英语水平，选择一部电影中英语对白较为突出的某一情境。在教学前，采用问题式或启发式的方法，引导学生了解该故事情节的背景，从而激发他们的学习兴趣和参与热情。

（2）听力教学阶段。

此阶段可以分为以下几个步骤：

步骤一，第一遍泛听。先给学生播放一遍选定的视频，关闭字幕，让学生只听英语对白，感受语言的具体应用。这一阶段的目标是让学生听出该段落的大意，培养他们的整体理解能力。

步骤二，分句精听。将视频暂停，让学生逐句听，并在每句对白之间停顿一定的时间，要求学生根据自己的理解记下关键词。这一阶段的目标是帮助学生掌握细节信息，提高他们的听力理解能力。

步骤三，再听一遍。最后，为学生播放一遍常速录音，让学生查漏补缺，进一步加深对听力材料的理解和记忆。

智能化听力教学模式旨在提高学生的听力技能和口语表达能力。通过真实的语言材料和多样化的教学方法，学生可以在轻松愉悦的氛围中学习英语，提高他们的听说能力。

3. 活动组织。

组织各种相关的英语课外活动可以弥补课堂教学的不足，激发学生的学习兴趣，提高他们的听说能力。

（1）观看英语视频。

通过观看英语视频，如英语电影、电视剧或综艺节目，可以提供真实的英语语言环境，让学生接触到地道的英语口语表达，提高语感。同时，观看英语视频还可以让学生了解以英语为母语的国家的文化、风俗和语言习惯，加深对英语的理解。通过观看英语视频，学生还可以学习到一些常用的表达方式和口语技巧，提高听说能力。

（2）组织英语角。

英语角是一种课外活动形式，为学生提供了一个课外提高英语交际能力的场所和条件。在英语角，学生可以与来自不同背景、语言水平不同的人交流，共同练习英语口语。通过这种形式的交流，学生可以锻炼自己的听说能力，同时也可以促进知识的转化和应用。此外，英语角还可以为学生提供一个轻松、愉悦的语言交流环境，增强他们的自信心和表达能力。

（3）听故事。

听故事是一种适合那些阅读能力强而听力较差的学生的课外活动。选择适合学生水平的英语故事，播放给学生听，可以帮助学生提高听力理解能力。在听故事的过程中，学生可以根据故事情节和上下文理解生词和短语的含义，提高猜词能力。此外，听故事还可以激发学生的学习兴趣，让他们在轻松愉悦的氛围中学习英语。

4. 听说结合。

在英语学习中，听力与口语是非常重要的两个方面。它们相互影响，相互促进，通过结合训练，可以同时提高这两个方面的能力。在完成任务的过程中，学生需要将所听到的内容转化为自己的语言，这不仅提高了他们的听力理解能力，同时也提高了他们的口语表达能力。

（1）复述故事任务。

在这个任务中，学生需要听完一个故事后，用自己的话来复述这个故事。这个任务可以锻炼学生的听力理解和口语表达能力。通过复述故事，学生需要将所听到的内容转化为自己的语言，这有助于提高他们的语言组织能力和口头表达能力。同时，教师可以通过学生的复述了解他们的听力水平和理解能力，以便进行后续的指导和纠正。

（2）分组分角色表演任务。

在这个任务中，学生需要分成小组，并根据所听到的故事中的角色进行扮演。这个任务的目的是让学生在表演过程中进一步巩固和提高他们的听说能力。通过扮演角色，学生可以更好地理解故事中的人物和情节，同时也可以模仿和学习正确的语音语调。表演结束后，教师可以对学生的表现进行评价和指导，帮助他们纠正发音和语言表达上的问题。

（3）发表观点任务。

在这个任务中，学生需要在听完故事后，发表自己的看法和观点。这个任务的目的是培养学生的独立思考能力和口语表达能力。通过思考和表达自己的观点，学生可以进一步巩固他们在前两个任务中所学的知识和技能。这个任务也可以作为课后作业，给学生充分的时间准备和思考。

二、智能环境下的初中英语听说学习训练

初中英语混合式教学的听说训练从不同角度入手，为学生提供了更加全面、深入的学习体验。通过多种教学方法和资源的结合，以及现代技术的应用，可以更好地提高学生的英语听说能力和语言表达能力。

（一）从教学方法的角度来看

1. 讲解。教师可以通过课堂讲解，向学生传授英语听说的基本知识和技巧，如语音规则、口语技巧等。

2. 示范。教师可以示范标准的英语听说发音和表达方式，让学生模仿和学习。

3. 模仿。学生可以通过模仿教师和听力材料的示范，学习正确的英语听说表达方式。

4. 互动。通过课堂互动、角色扮演、小组讨论等形式，学生可以锻炼英语听说能力和表达能力。

5. 实践。通过真实的语言实践，如口语练习、听力测试等，学生可以应用所学知识和技巧，提高英语听说能力。

（二）从教学资源的角度来看

1. 教材。教材是听说训练的基础，包括听力材料、对话、课文等，可以为学生提供系统的英语学习资源。

2. 听力材料。听力材料包括录音、音频、视频等，可以帮助学生提高听力理解能力。

3. 网络资源。网络资源包括英语学习网站、在线课程等，可以为学生提

供更加丰富、多样化的学习内容。

（三）从技术应用的角度来看

1. 在线学习平台。在线学习平台可以为学生提供自主学习的机会，如在线听力练习、口语练习等。

2. 语音识别系统。语音识别系统可以帮助学生了解自己的发音问题，并提供纠正建议。

3. 智能化评估工具。智能化评估工具可以为学生提供及时的反馈和指导，如自动评分、学习进度跟踪等。

（四）从学生发展的角度来看

1. 自主学习能力。通过混合式教学的听说训练，学生可以培养自主学习的能力，如独立学习、自我管理、自我监督等。

2. 合作学习能力。通过小组讨论、角色扮演等合作学习活动，学生可以培养合作精神和团队合作能力。

3. 创新思维能力。通过听说训练中的问题解决、思维训练等活动，学生可以培养创新思维能力和解决问题的能力。

三、“双主”教学理念下初中英语混合式听说教学中教师角色的定位

在传统教学模式下，教师是课堂活动的中心，学生选择权不大，学生的学习兴趣和课堂参与度受教师的个人教学经验影响比较大。混合式教学可以很好地帮助教师重新定位自己的角色，从教学活动的中心转变为教学活动的主导者，让学生成为学习的主体。在这一过程中，英语教师要重新定位自己在教学过程中的角色。

（一）“双主”教学理念下的初中英语混合式听说教学

初中英语混合式听说教学，可以分为课堂面授和网络线上学习两个方面。有人认为混合学习模式是把课堂教学的有效交流与信息技术支持的在网络环境下的学习者的主动积极学习的方式有机地结合起来的一种教学方法。

这种教学方法能够贯穿教学过程课前、课中和课后三个阶段，并充分发

挥“双主”的作用。首先，“空中英语教室”线上教学的学习资源丰富，选择多样。在课前布置预习作业时，教师可以根据学生的具体情况做分层次的安排，这样更符合学生的实际情况和认知特点。教师通过提前检查课前作业的完成情况和准确度，能了解学生的易错点所在。在课堂上，教师能有重点地进行讲解，集中学生的注意力，唤醒学生学习的主观能动性。课后，教师可以对学生在家的延续学习做指导，并及时通过“空中英语教室”教学平台生成的报告了解学生的学习情况，有必要时可以连线学生做进一步的督促和沟通。

混合式学习能够结合面授教学和线上教学的优势，以更好地达到听说教学目标。同时，也强调学习要符合学生的实际学情、认知规律和心理感受，能够做到以学生为中心。“空中英语教室”教学能支持学生的个性化学习，实现在线课程的学习资源优化和学习评价多样化，使线上线下结合的混合式听说学习有了新的突破。在这个过程中，教师角色的成功转换起到了至关重要的作用。

（二）初中英语混合式听说教学中教师主导角色的实现

传统教学模式中教师的角色主要是知识的权威、教学活动的主体和学习过程的管理者。教师负责传授知识，决定学习的进程。学生的任务基本上是接受知识、存储知识，考试的时候再重复出来而已。这样的教学模式不能很好地调动学习者的主观能动性。

1. 教师是混合式教学中学习资源的把关者。

目前，教师扮演着九种角色：知识传递者、帮助学生解决问题的探究者、学生学习动机激发者、学习策略培训者、学习过程监督者、组织讨论与交流的协作者、学习材料提供者、学生学习促进者、心理情感支持者。学生对教师最期待的角色依次为：知识传递者、帮助学生解决问题的探究者、学生学习动机激发者和学习策略培训者。可见，知识传递者无论从教师教学的角度，还是从学生的需求出发，都是英语教学中非常重要的教师角色。实现知识的传递首先需要有高品质的、精挑细选的学习资源。在混合式教学中，书本不再是知识的唯一来源。面对纷繁复杂的线上线下教学资源，教师的第一个角色是学习资源的把关者。教师要在课前对教材进行研究、筛选、整合等，引导学生掌握科学搜寻合适学习资源，特别是网络学习资源的能力。

借助互联网的平台，在混合模式的学习中，学生和教师拥有一样的知识获取途径。学生可以根据自己的具体情况安排部分学习，充分发挥学习的自主性。但是，在混合式学习实施的过程中，教师的作用依然是不可替代的，课堂教学依然是最重要的环节。网络教学资源需要教师的甄别、筛选和整合，还需要教师帮助学生学会选择不同学习阶段适用的网上资源，在这个过程中应该充分发挥教师的学习资源把关者的作用。信息时代的英语教育认为，计算机和网络技术为学生个性化学习和自主学习创造了有利条件，为学生提供了适应信息时代需要的新的学习模式。学生可以通过计算机和互联网，根据自己的需要选择学习内容和学习方式。

近年的英语教学强调培养学生用英语传递中华传统文化的能力，相关的学习资源目前的统编教材里涉及还不多，教师可以充分利用网络平台找到相关资源，引导学生积累、扩充和利用。例如，在“空中英语教室”的“中级空中英语教室”里检索“农历新年”，能找到“农历新年快乐 Happy Luna New Year”这一期节目，里面有许多地道的对我国农历新年的英文介绍，兼顾趣味性和知识性。这样的学习资源能够在英语听说教学中培养新课标中提出的学生“文化意识”五个子目标之一的“祖国意识”，引导学生学会用英语介绍祖国的优秀传统文化。只要教师能合理整合和利用相关资源，就能为教学带来许多便利，达到更好的教学效果。

2. 教师是混合式教学的活动设计者。

活动是课堂教学的载体、语言技能训练的抓手，需要合理设计课堂活动和任务。新课标中指出课堂活动是英语学习的基本形式，是学习者学习和尝试运用语言理解和表达意义，构建文化意识，发展思维品质．形成学习能力的主要途径。混合式学习的关键和中心环节是活动的设计，活动的设计和实施是需要教师去实现的。然而，日常的课堂面授教学侧重记忆和理解，教学资源以静态为主，活动型和任务型等需要学生参与度高的活动安排不多。这不利于激发学习者的自主学习，而混合式听说教学就可以比较好地解决这个问题。

“空中英语教室”话题涉猎广泛，主题丰富多彩，紧扣学生的学习生活各方面。在教学实践中，围绕一个特定教学主题，教师可以定期布置在线学习任务，包括模仿、辩论、演讲、小组展示等不同的活动内容，使学生能灵活运用线上和线下学习到的知识，提高语言的实际运用能力。这样，教学活动明确了学生的主体地位，一切围绕这个中心来开展。

此外，活动的设计还要注意结合初中生的年龄特点和认知特点，要充分了解学生的兴趣和动机。教师在混合模式学习整个过程中要发挥好主导者的作用，将面对面教学与在线学习成功地结合起来，设计好学习环节，以达到良好的教学效果。

3. 教师是实现混合式教学中学生主体地位的促进者。

有了高品质的教学资源和精心设计的课堂活动，学习的主体依然是学生，教师要致力于激发他们的学习动机。以学生为中心，发挥学生学习的主体作用，是确保课堂教学效果的重要原则。教师要促成学生发挥学习的主观能动性，保持学习热情，就要及时转变教学方法，重视“双主”理论的落实，突出培养学生英语听说的实际应用能力。

混合式听说教学强调学生的自主学习能力，但是这样的能力不是与生俱来的，要通过有效的训练，让学生逐步掌握和运用起来。从而优化学习效果，取得信心，再挑战下一阶段的学习，形成良性循环。

首先，必须关注到学生的基础不同，英语听说水平有高有低。所以“空中英语教室”在设置上能做到分层次教学，满足不同程度学生的需求，弥补新知识的断层。“空中英语教室”分为初级《大家说英语》、中级“空中英语教室”和高级《彭蒙惠英语》，不同英语能力水平的学生可以选择不同的级别。在主题方面，初级又分为“校园生活”“旅游度假”“运动休闲”等 12 个专题，中级分为“教育频道”“语言学习”“名人小传”等 13 个专题，高级分为“职场秘诀”“科技前沿”“深度旅游”3 个专题。学生可以根据教师的指引，在课下选择不同的学习内容，进行自我提高。这样的教学设计、话题吸引，增强了学习内容的实效性，难易度区分鲜明，能满足不同学生个性化的学习需求。所以教师要注重发挥学生主体地位，在教学活动开展前，要研究学生的学习需求及其变化，为学生的练习活动提供可行的建议和指导，引导学生积极探索。

此外，混合模式的听说教学，可以利用网络的优势，便于学生查漏补缺，巩固知识。“空中英语教室”中设有“建立学习清单”和“学习清单列表”，学生可以结合教师的要求，根据自己的实际情况，选择不同的内容列入学习清单，做好个性化的学习计划。这样的教学模式强调学生的主体地位，鼓励学生主动学习、主动探索及构建自身知识结构，提高分析问题和解决问题的能力。

学生在以往的传统面授课程中，习惯了以听教师授课、记笔记为主，课堂活动的参与一般就是回答问题或完成一些小组活动，个人参与度不够高。有些学生在活动课时甚至会抄袭应付，活动和作业的完成度和完成质量较低，教师很难及时跟踪。混合式教学能很好地解决这个问题。在线上教学时，每个学生都对应一个测评和跟踪系统，教师能随时关注到每个学生参与课堂和活动的情况。一旦发现学生平台的数据有异常，就能马上改变策略，及时调整教学。

这样的混合式教学有助于教师从多角度唤醒学生学习的主体性意识，激发学习的动机，提升学习的成效和强化英语听说的交流。对比传统面授课程，混合式教学在优化学生学习体验，实现学生主体地位上更能发挥作用。在这个过程中，教师既要发挥传统教学中教师“传道、授业、解惑”的作用，又要充分体现在线教学中学生为学习主体的地位，是一种传统教学与在线教学相融合的教学模式。实现以学生为主体和教师为主导的有机结合，可以不断促进双方教学相长、共同进步。

4. 教师是混合式教学中学生学习的评价者。

课堂教学需要贯彻教、学、评一体化设计。教学既要关注到教学端即如何施教的要求，又要关注学生端即如何学的需求。但这样还不够，课堂教学良好效果的实现需要客观以及系统科学的评价。如何组织实施课堂评价在混合式教学中显得尤为重要。混合式教学的评价由线上和线下评价两方面组成，在整个评价过程中，教师都是评价的主导者。

线下的教学评价一般是传统的课堂测试和阶段性考试等，有时还会结合学生的出勤情况、课堂表现和作业质量等进行详细记录，并以此为依据，来对学生进行综合性的评价。

相较而言，线上教学的评价更具便利性和时效性。在混合式教学中，教师除了运用传统的布置作业和测验等手段来督促学生学习以外，还可以通过网络教学平台的数据，更好地检测学生的学习效果。“空中英语教室”每一个模块的学习都有“须视听完所有节目并答对全部试题通过课程测验”的提示，不完成，无法计算学习时间和学分。“空中英语教室”教学平台的“评测中心”设有“试题设定”“口语评测设定”“离线评测”“试题管理”“统计报表”等，方便教师对学生的学习进行跟踪和观测。

但是应该注意，评价不是最终目标，对学生的评估应该注重测评反映出来的学生现阶段存在的问题和困难，并以此为依据，调整教学的进度和内容，以便更好地促进学生听说水平的提高。同时，这些运用也方便教师对学生的学习过程做一些相关的对比和长期的观察、记录，而不是单纯给学生一个定性的分数。教师应该对自己的教学效果进行及时评估，通过反思自己的教学活动和教学进度，改进教学管理和提高教学质量。只有这样，教师在混合式教学中学生学习评价者的作用才能得到最大发挥。

（三）教师主导角色的多重性对教师素养的要求

新课标中对英语学科的核心素养进行了深入剖析。教师提升相应的意识，以此来鞭策自己提升专业素养，并将有关理念渗透到教学设计和课堂实践中，这样混合式听说教学的课程目标方能得以实现。

首先，教师作为主导者，要规划好混合式英语听说教学对学生语言能力和学习能力的培养和提升。除了像传统面授教学一样，要保证学生英语听说综合能力的提高以外，还要兼顾学生网络学习能力、语言习得能力和与他人线上线下沟通能力等的提升。这些对英语教师的素养提出了比传统面授教学更高的要求。

其次，混合式教学模式下学生思维品质的提高更需要教师专业化的指导。传授教学内容只是教学过程的一部分，线上线下知识的答疑、讨论和检验，也要通过教师的工作来实现。混合式教学中教师可以提出多个与该模块内容相关的讨论主题，让学生参与讨论，提出自己的见解，甚至做主题演讲或小组汇报。论题的选择，对教师的专业要求非常高，既要保证围绕课程主题，又要保证能延伸和拓展，还要保证让学生有充分的独立探究和协作探究的兴趣，可行性也要强。在整个过程中，教师要引导学生、观察学生、及时调整课程细节，还要关注学生语言的正确性、流畅性以及观点的逻辑思维是否合理。同时，教师还要通过线上平台的数据反映，不断自省，衡量教学目标是否符合学生实际，并对个别暂时落后的学生进行个性化指导。对于已经优先于其他同学完成任务的学生，则要利用线上平台及时增加或改变任务。这样，才能在带领学生学习和掌握知识的同时，兼顾引导学生学会独立思考，提升解决问题的能力和构建属于学生自己的知识体系。

最后，教师一定要提高对混合式教学中学生心理健康的关注。这是因为在混合式教学的线上教学环节，教师不能够持续关注到学生的情绪，看不到学生的表情和神色（除非开通视频对话）。但是，学生除了跟接受面授课程一样会遇到一系列可能的心理因素的影响，包括面对学习的焦虑、困惑、紧张等不良情绪以外，在线学习还容易让学生产生学习的孤独感和无助感。这些不良的情绪如果没有得到及时的纾解，容易导致学生失去学习的动力，甚至出现逃避和弃课的现象。教师要认识到这方面的问题，并通过专业化的训练和实际操作，提升学生解决问题的能力，甚至有必要在备课时提前预防学生可能会遇到的这些心理障碍。

以上都是在初中英语混合式听说教学中对教师素养提出的新要求。只有重视自身综合素养的提升，教师才能真正实现角色的转化，最大限度地帮助学生从新的学习模式中受益。

英语混合式教学能有效地实施分层次教学，满足课程丰富性、多样性和选择性的时代需求，也能够激发学生学习的主动性和热情，鼓励学生自主进行听说能动性方面的学习和训练。在这一过程中，教师需要重新定位自己的角色，将教学的主导作用充分发挥出来。教师不仅仅是教学的管理者，还是学习资源的把关者、教学活动的设计者、学生主体地位的促进者和学生学习的评价者。但是，在线教育有其自身的局限性和不足，教师不仅要给予学生及时的帮助，还要充分尊重学生学习主体的地位，通过互动交流及时观察学生的情感变化，消除他们的疑虑和不安，教学相长，不断取得突破。

应当指出，此处对教师角色定位的探讨是基于校本课程“空中英语教室”听说课的实践进行的，难免有偏颇或不周。更广义的课堂教师角色定位，应根据课程目标，在具体的教学环境中去定位，使教师的导学更加有针对性和实效性。

第四章

智能化时代的英语教学模式

第一节　翻转课堂

一、翻转课堂的概念与教学特点

翻转课堂是一种重新调整课堂内外时间的教学模式，它将学习的决定权从教师转移给学生。在这种教学模式下，课堂内的宝贵时间里，学生能够更专注于主动的基于项目的学习，从而获得更深层次的理解。课后，学生自主规划学习内容、学习节奏、学习风格和呈现知识的方式，教师则采用讲授法和协作法来满足学生的需要，促成他们的个性化学习。

（一）翻转课堂的概念

翻转课堂是一种创新型教学模式，它颠覆了传统的教学结构。在翻转课堂中，学生首先在家庭学习环境中通过预习视频、阅读资料等方式自主学习新知识，然后在课堂上与教师和同学进行互动交流、讨论问题并解决问题。这种教学模式将传统的课堂教学与家庭学习颠倒，将知识传授的过程移至家庭学习环境中，而课堂时间则专注于更深层次的学习活动，如讨论、解决问题和应用知识。它旨在通过个性化学习和实践活动，促进学生对知识的深入理解和应用。

翻转课堂的实施需要教师重新设计教学流程，并提供适当的学习资源和支持，以确保学生在家庭环境中有效自主学习。同时，教师还需要在课堂上创造积极的互动氛围，引导学生参与讨论和解决问题，促进知识的内化和应用。

总体而言，翻转课堂是以学生为中心，将自主学习与课堂互动相结合，以提升学生的学习效果、促进深度学习和发展批判性思维为目标的一种教学模式。

在这种教学模式下，学生不再是被动地在课堂上接受新知识，然后再回家完成作业。相反，他们在家庭学习环境中通过预习视频、阅读材料等方式自主学习新知识，而课堂时间则被用来进行互动、讨论和解决问题。

（二）翻转课堂的教学特点

初中英语翻转课堂重新分配课堂时间，颠倒教学内容，翻转学习流程，转变师生角色，多元化教学资源和评价方式，以激发学生的学习兴趣，提高其参与度、英语学习效率和应用能力。

1. 课堂时间的重新分配。

在初中英语翻转课堂中，时间的重新分配更为明显。教师可以将传统课堂中的讲解时间节省下来，用于学生的实践活动和语言应用。在翻转课堂上，教师将更多的时间投入学生自主学习和实践操作中。例如，在中学英语阅读课中，教师可以将课堂时间主要用于学生自主阅读、小组讨论、分享理解和解决问题等环节，而不是传统的讲授。这样能够更好地激发学生的学习兴趣，提高其参与度、阅读能力和问题解决能力。

2. 教学内容的颠倒。

在翻转课堂上，学生不再是被动接受知识，而是主动参与学习。例如，在中学英语语法课中，教师可以先让学生观看一段有关语法知识的视频，自主预习相关的知识点，然后通过解决问题和合作探究等方式深入理解和应用语法知识。这样能够更好地发挥学生的主观能动性，提升他们的学习效果。

3. 学习流程的翻转。

在初中英语翻转课堂中，学习流程的转变更为系统化。学生可以在课前预习词汇和语法，课堂上通过参与对话、讨论等活动练习应用，课后则通过线上平台进行复习和反馈。这样的流程有助于提高学生的英语学习效率和应用能力。翻转课堂的学习流程从传统的“课前预习，课堂学习，课后复习”转变为“课前预习（自主学习），课堂学习（解决问题），课后反馈（巩固提高）”。在中学英语写作课中，教师可以安排学生在课前预习相关的写作技巧和范文，然后在课堂上通过写作练习、即时评阅和小组互评等方式深入理解和应用写作技能，最后在课后进行修正和改进。这样能够更好地提高学生的写作能力和自我修正能力。

4. 师生角色的转变。

在翻转课堂中，教师的角色从知识的传授者转变为学生学习的指导者和促进者，而学生的角色则从被动接受者转变为主动探究者。在中学英语听力课中，教师可以引导学生通过听力练习、讨论和分享等方式自主探究听力技巧和方法，而不是直接告诉学生答案。这样能够更好地培养学生的自主学习和问题解决能力。

5. 教学资源的多元化。

在翻转课堂中，教师可以借助现代信息技术引入更多的教学资源，如在中学英语口语课中，可以引入视频、音频、在线课程等教学资源，让学生通过多种方式学习和理解英语口语表达技巧。这样能够更好地满足学生的学习需求，提高他们的学习兴趣和积极性。

6. 评价方式的多元化。

翻转课堂的评价方式不再仅限于传统的考试，而是采用多元化的评价方式，如在中学英语口语课中，教师可以采用过程评价、作品评价、小组讨论等方式，全面评价学生的口语表达能力、交流能力和合作能力。这样能够更好地反映学生的综合素质和学习能力，有利于他们的全面发展。

二、初中英语翻转课堂的教学步骤

初中英语翻转课堂的教学步骤主要包括课前“先学”、课中“后教”、课后巩固提高、课堂检测和互动小结等环节。通过这些环节的安排和实施，可以提高学生的自主学习能力、合作能力和语言表达能力，同时也可以提升教师的教学效果和学生的学习效果。

（一）课前“先学”

在课前“先学”阶段，教师会提前准备好教学视频、PPT、导学案等教学资源，并通过网络平台发布给学生。这些教学资源通常包含英语单词读写、语法知识等方面的内容，让学生通过观看视频、阅读教材和相关资料等方式进行自主学习。同时，教师还可以设置一些自测题目，让学生在学习过程中进行自我检测，确保达到良好的学习效果。

学生通过课前“先学”阶段，可以提前了解学习内容，掌握一些基础知识，发现自己的问题和不足。同时，学生还可以根据自身情况进行自主学习，对于一些难点和问题，可以通过重复观看视频、阅读相关资料等方式进行深入探究和学习。

（二）课中“后教”

在课中“后教”阶段，教师可以安排学生在课堂上进行小组讨论、展示交流和师生互动等。例如，教师可以把学生分成若干小组，让学生进行英语情景对话、课文讲解、习题讲解等展示，让其他学生进行点评和提问，促进学生的交流和互动。同时，教师也可以开展一些课堂互动游戏、趣味竞赛等活动，提高学生的学习兴趣和参与度。

通过课中“后教”阶段，学生可以进一步巩固和拓展所学知识，发现自己的不足和需要改进的地方，同时也可以了解其他同学的学习方法和思路，拓宽自己的视野。教师则可以通过观察和指导，了解学生的学习情况，为后续教学提供参考。

（三）课后巩固提高

在课后巩固提高阶段，学生需要完成课后作业，全面巩固所学知识。教师可以根据学生的学习情况，设置不同难度的作业，包括课文朗读、单词默写、语法练习、阅读理解、写作练习等。学生需要在规定时间内完成作业，并进行自我评价和反思，及时发现自己的不足和需要改进的地方。

通过课后巩固提高阶段，学生可以进一步巩固和拓展所学知识，发现自己的不足和需要改进的地方，并及时进行纠正和提高。教师则可以通过作业批改、观察和指导等方式，了解学生的学习情况，为后续教学提供参考。

（四）课堂检测

在课堂检测阶段，教师可以进行一些课堂小测验、提问等形式的检测，了解学生对知识的掌握情况，为后续教学提供参考。同时，教师也可以安排学生进行一些自我检测和互相检测等活动，促进学生的自我评价和互相学习。

通过课堂检测阶段，教师可以了解学生的学习情况，发现学生的问题和不足，并及时进行指导和纠正。学生则可以通过自我检测和互相检测等方式，进一步巩固和拓展所学知识，查漏补缺。

（五）互动小结

在互动小结阶段，教师可以安排学生进行小组讨论，对所学内容进行总结和归纳。学生可以通过小组讨论，互相分享学习经验和知识，进一步巩固和拓展所学知识。同时，教师也可以开展一些课堂互动游戏、趣味竞赛等活动，激发学生的学习兴趣，使学生积极参与。

通过互动小结阶段，学生可以进一步巩固和拓展所学知识，使自身能力得到提高。教师则可以通过观察和指导等方式，了解学生的学习情况，为后续教学提供参考。

三、初中英语翻转课堂教学策略

初中英语翻转课堂的教学策略应该注重引导学生自主学习，加强课堂互动教学，进行课堂检测与反馈，提供拓展知识与应用的机会。这样能够更好地提高学生的自主学习能力、合作能力和语言表达能力，同时也可以提升教师的教学效果和学生的学习效果。

（一）制作优质教学资源

在翻转课堂中，教师制作的教学资源是非常重要的。这些教学资源应该具有以下特点：

1. 优质。教师需要选择正确的教学内容和方法，精心设计教学视频、PPT 等教学资源，确保它们质量高和具有准确性。

2. 精练。教师需要把重点内容集中在较短的时间内教授，保持教学资源的精练和有针对性。

3. 具有启发性。教师可以通过问题引导、案例分析等方式，启发学生思考和探究，激发他们的学习兴趣和热情。

4. 能够吸引学生的注意力。教师可以通过增加动画、音乐等元素，使教学资源更加生动有趣，吸引学生的注意力。

为了制作出高质量的教学资源，教师可以采用一些现代技术手段，如视频制作软件、PPT 等，也可以通过网络搜索相关资源，丰富教学素材。同时，教师还需要根据学生的学习特点和需求，有针对性地设计教学资源，满足不同层次学生的学习需求。

（二）引导学生自主学习

在翻转课堂中，教师需要通过网络平台发布教学资源，引导学生进行自主学习。同时，教师还可以提供一些学习建议和方法，帮助学生更好地掌握知识。

首先，教师需要为学生提供清晰的学习目标和要求，让他们明确学习内容和目标。其次，教师可以为学生提供相应的学习资源，如教学视频、PPT、教材等，供学生自主学习使用。同时，教师还可以为学生提供一些学习建议和方法，如阅读技巧、思考方式等，帮助学生更好地理解和掌握知识。

通过自主学习，学生可以自主选择学习时间和方式，更加灵活自由地学习。同时，学生还可以通过自我检测和反思，发现自己的问题和不足，并及时进行调整和改进。

（三）课堂互动教学

在翻转课堂中，教师可以通过课堂互动教学，使学生进一步巩固和拓展知识。

1. 小组讨论。教师可以把学生分成若干小组，让学生进行英语情景对话、课文讲解、习题讲解等展示，其他学生进行点评和提问，以促进学生的交流和互动。

2. 课堂互动游戏。教师可以设计一些有趣的课堂互动游戏，如英语单词接龙、英语故事分享等，让学生在游戏中学习知识，提高学习兴趣和参与度。

3. 趣味竞赛。教师可以组织一些趣味竞赛，如英语歌曲比赛、英语演讲比赛等，让学生在竞赛中展示自己的才华和潜力。

通过课堂互动教学，教师可以了解学生的学习情况，为后续教学提供依据。

（四）课堂检测与反馈

1. 小测验。教师可以进行一些小测验，测试学生对于知识的掌握情况，及时发现学生的问题。

2. 提问。教师可以让学生回答一些问题，了解学生对知识的掌握情况。

3. 作业批改。教师可以布置一些作业，让学生完成并批改，了解学生的学习情况。

4. 观察和指导。教师可以观察学生的学习状态和表现，及时发现学生的问题和不足，并进行指导和纠正。

通过课堂检测和反馈，教师可以了解学生的学习情况，并及时进行指导。同时，学生也可以通过自我检测和反思，及时进行提高。

（五）拓展知识与应用

在翻转课堂中，教师可以提供一些拓展知识和应用的机会，让学生能够更好地了解英语文化，提高英语应用能力。

1. 英语角。教师可以组织英语角活动，让学生能够用英语交流和表达，提高口语表达能力。

2. 英语辅导班。教师可以组织一些英语辅导班，让学生能够更好地掌握英语知识和技能。

3. 英语夏令营。教师可以组织一些英语夏令营活动，让学生能够身临其境地了解英语文化，提高英语应用能力。

通过拓展知识与应用，学生可以更好地了解英语文化，提高英语应用能力，同时也可以拓宽视野，增加对英语学习的兴趣和热情。

四、初中英语翻转课堂教学优化路径

初中英语翻转课堂教学，可以从课前自主预习、课中互动交流、课后巩固延伸等方面进行优化。

（一）课前：优化视频资源和做好预习准备

1. 选择适合自己的视频资源。学生可以根据自己的学习需求和兴趣，选择适合自己的英语视频资源进行自主学习。这些视频资源可以是教师提供的，也可以是学生自己找到的。通过观看视频，学生可以听到纯正的英语发音和语调，从而提高自己的听力和口语水平。

2. 阅读教材说明和课文重点。在课前预习阶段，学生可以通过阅读相关的教材说明和课文重点，了解学习内容和目标，为课堂学习做好准备。学生可以通过阅读教材目录、单元说明、课文等内容，了解单元主题和知识点，为课堂学习做好准备。

3. 有针对性地进行听力练习和口语练习。在课前预习阶段，学生可以根据自己的学习情况和需求，有针对性地进行听力练习和口语练习。例如，学生可以选择一些听力材料进行听力练习，或者进行口语练习，模仿纯正的英语发音和语调。通过这些练习，学生可以提高自己的语言表达能力。

（二）课中：加强师生互动和讨论

1. 在课堂教学开始前，布置问题让学生互相交流。这些问题可以是关于课文内容的，也可以是关于单元主题的。通过小组讨论，学生可以互相交流看法和观点，激发学习兴趣，提高参与度。

2. 引导学生积极参与讨论。在课堂讨论中，教师需要积极引导学生参与讨论，鼓励学生发表自己的观点和看法。教师可以采用一些激励措施，如表扬积极参与讨论的学生、给予额外分数等，激励学生积极参与讨论。同时，教师也需要给予学生充分的讨论时间和机会，让学生充分表达自己的观点和看法。

3. 加强师生之间的互动。在课堂讨论中，教师需要加强与学生之间的互动，回答学生的问题，和学生进行有效的沟通。教师可以采用一些互动方式，如提问、讨论、演示等，与学生进行互动交流。通过互动交流，教师可以了解学生的学习情况，发现学生的问题和不足，并及时进行指导和纠正。

4. 注意评价学生的表现。在课堂讨论中，教师需要对学生的表现进行评价。评价可以是口头评价，如表扬、鼓励等；也可以是书面评价，如评分、评语等。通过评价，教师可以及时发现学生的不足，并进行纠正。同时，教师也可以给予表现优秀的学生一定的奖励和认可，激励学生继续保持良好的表现。

（三）课后：巩固延伸学习

1. 布置相应的家庭作业或阅读任务。在课后巩固延伸学习阶段，教师可以在课后布置相应的家庭作业或阅读任务，让学生巩固和延伸所学知识。这些家庭作业或阅读任务可以是听力练习、口语练习、阅读理解、写作练习等，旨在帮助学生巩固和拓展所学知识。

2. 提供新的学习素材。在课后巩固延伸学习阶段，教师可以在课后提供新的学习素材，让学生进一步拓展知识面和技能。这些学习素材可以是相关的阅读材料、听力材料、视频资源等，旨在帮助学生拓宽视野，增加学习的广度和深度。

3. 鼓励学生继续学习和探究。在课后巩固延伸学习阶段，教师需要鼓励学生继续学习和探究。教师可以提供一些学习建议和资源，如推荐一些英语学习网站、英语书籍等，鼓励学生进行自主探究和学习。同时，教师也可以组织一些学习活动，如英语角、英语学习辅导班等，为学生提供更多的学习机会和资源。

4. 及时反馈学生的学习情况。在课后巩固延伸学习阶段，教师需要及时反馈学生的学习情况。教师可以采用一些反馈方式，如口头反馈、书面反馈、在线反馈等，让学生了解自己的学习进展和问题。通过反馈，学生可以了解自己的不足，从而进行调整和改进。

第二节　微课教学

一、微课教学概念与特点

初中英语微课教学是利用现代信息技术，将传统课程内容碎片化、精细化，并通过微视频等形式呈现给学生的一种教学方式。它具有时间短、内容精、形式多样、互动性强等特点，能够为学生提供更加个性化、灵活的学习体验，帮助学生更好地理解和掌握英语知识，提升学习效果。

（一）微课教学的概念

初中英语微课教学是一种以视频为主要载体的教学方式，根据某个知识点或教学环节展开教与学的活动。这种教学方式融合了多种教学资源，具有简短、灵活的特点，能够满足中学生学习英语的需求，为他们提供自主学习和自我发展的平台。初中英语微课的核心是课堂教学视频，通常时长为5—8分钟，内容针对某个知识点或教学环节进行讲解。这种视频教学形式可以打破单一媒体传递知识的抽象性，让学生更生动、具体、形象地学习英语。

（二）微课教学的特点

初中英语微课教学具有教学目标明确、教学形式多样化、自主性强、针对性强和共享方便等特点。这些特点使得微课成为一种高效、便捷的教学方式，能够满足中学生学习英语的需求，为他们提供自主学习和自我发展的平台。同时，教师也可以通过微课的录制和讲解，更好地辅助学生学习，提升教学质量和学生的学习效果。

1. 教学目标明确。

初中英语微课通常针对特定的知识点或教学环节进行讲解，教学目标明确，内容紧凑。这使得学生能够更加清晰地了解学习目标和重点，更容易理解和掌握核心知识点。教师通过微课的录制和讲解，可以更好地帮助学生掌握重要的语言点、语法结构、技巧等，提升学生的学习效果。例如，在讲解“一般现在时”这个语法点时，教师可以通过微课视频，清晰地讲解一般现在时的定义、用法、例句等，让学生能够一目了然地了解该语法的核心要点。

2. 教学形式多样化。

初中英语微课通过视频、动画、演示文稿等多种形式呈现教学内容，形式生动、有趣，能够吸引学生的注意力，提高他们的学习兴趣。教师可以使用动态图像、音效、文字等多种元素，创造出生动、形象的教学场景，帮助学生更好地理解和记忆知识点。例如，在讲解“现在进行时”这个语法点时，教师可以通过动画形式展示一个人正在做某件事情，并配合讲解和例句，让学生更加深入地理解该语法的用法。

3. 自主性强。

初中英语微课的学习时间灵活，学生可以在自己方便的时间和地点进行学习，自主性更强。学生还可以根据自己的学习进度和时间安排，随时随地观看微课，方便快捷。这为学生提供了更多的自主学习空间，有助于培养他们的自主学习能力。例如，学生可以在家中观看微课视频，并在课堂上与教师和同学进行交流和讨论，巩固所学知识点。

4. 针对性强。

初中英语微课针对特定的知识点或教学环节进行讲解，教学内容更加有针对性，学生能够更容易理解和掌握。教师针对学生的需求和学习中常见的问题，录制相应的微课视频，可以更好地帮助学生解决学习中的困惑和难点。例如，在讲解“一般将来时”这个语法点时，教师可以通过微课视频，针对该语法的定义、用法、例句等进行详细讲解，帮助学生解决学习中的困惑。

5. 共享方便。

初中英语微课可以轻松地在网络上进行分享和传播，学生只要有播放的终端就能进行自主学习。这使得学生的学习资源更加丰富和多样化，打破了传统教学中时间和地点的限制，为学生提供了更加便捷的学习方式。

二、初中英语微课教学步骤

初中英语微课教学能够将传统课堂与现代技术相结合，提升教学质量和学生的学习效果。初中英语微课教学的步骤通常包括以下几个环节：

（一）确定主题

在开始制作微课之前，教师需要了解教材内容和学生需求，确定微课的主题和教学目标。主题的选取应该围绕学生常见的问题和难点，或是与考试相关的重点知识点。例如，教师可以选取“一般现在时”这个语法点作为微课的主题，目标是让学生掌握一般现在时的定义、用法和构成等。

（二）准备素材

在确定主题后，教师需要准备相关的素材，包括教学视频、PPT、例句、练习题等。素材应该紧扣主题，内容准确、典型、具有代表性。例如，教师可以准备一段介绍一般现在时的视频，PPT 中可以展示一般现在时的各种用法和例句，同时准备一些练习题以便学生巩固所学知识点。

（三）制作微课视频

教师根据准备好的素材制作微课视频。在制作视频时，教师需要注意以下几点：首先，视频应该简短、精练，突出重点和难点。其次，讲解应该清晰、深入浅出，让学生容易理解和掌握。最后，视频应该有一定的趣味性，以吸引学生的注意力。例如，在制作一般现在时的微课视频时，教师可以先对一般现在时的定义和用法进行讲解，然后通过例句和练习题帮助学生巩固所学知识点。

（四）发布微课视频

教师将制作好的微课视频发布到相应的平台，如学校网站、在线教育平台等。同时，教师可以引导学生通过观看微课视频、自主学习巩固相应的知识点。例如，教师可以在课堂上推荐学生在课后观看一般现在时的微课视频，以便学生更好地掌握该语法点。

（五）组织课堂教学

在组织课堂教学时，教师可以根据微课视频的内容，开展相关的讨论、练习和拓展活动，帮助学生进一步理解和运用所学知识点。例如，在讲解完一般现在时的微课视频后，教师可以组织学生进行小组讨论，分享自己对该语法点的理解，然后开展一些相关的练习和拓展活动，以便学生更好地掌握该语法点。

三、初中英语微课教学策略

在初中英语微课教学中，应讲究一定的策略与方法，从而让微课教学达到更为理想的效果。

（一）利用微课进行预习

利用微课引导学生预习可以提高学生的学习效率和学习成绩，同时也可以培养学生的自主学习能力和自我发展能力。通过预习，学生可以更好地了解课堂内容，对所学知识点有更深入的理解和掌握。此外，预习也可以帮助学生更好地参与到课堂讨论和拓展活动中，进一步提升教学质量和学生的学习效果。

1. 设定目标。

在利用微课引导学生预习时，教师需要明确每次预习的目标。目标应该清晰、具体，并且与课堂内容相关。例如，如果下节课的主题是“现在完成时”，教师可以在微课中明确指出掌握该时态的定义、用法、构成等目标，以便学生了解预习的方向。

2. 设计问题。

在微课中设计问题可以引导学生思考和探索课堂内容。问题的难度应该根据学生的实际情况来定，既要有一定的挑战性，又要让学生能够通过思考得到答案。例如，在“现在完成时”的预习微课中，教师可以提出以下问题：“你已经学习了现在完成时，它在我们日常交流中有什么作用呢？请举例说明。”这样的问题可以引导学生思考现在完成时的意义，并尝试运用该时态进行表达。

3. 提供资源。

在预习时，教师可以提供一些相关的资源，如图片、音频、视频等，以便学生更好地理解课堂内容。同时，教师也可以在微课中介绍一些有用的学习工具和方法，如语法书、词汇表、练习册等，以便学生更好地掌握知识点。

4. 布置任务。

预习任务应该明确、具体，如让学生预习某一单元的单词和语法，并在课堂上进行小测验。另外，教师也可以布置一些拓展性的任务，如让学生查找与课堂内容相关的资料或进行一些相关的练习；阅读课本中关于现在完成时的相关内容，尝试用现在完成时写一句话，并在课堂上进行交流。

5. 监督和反馈。

教师需要监督学生的预习情况，并及时给予反馈。例如，教师可以要求学生提交预习报告，并在课堂上进行提问或小测验，以便了解学生的预习情况。同时，对于学生在预习中遇到的问题，教师需要及时解答并给予反馈，以便学生更好地掌握知识点。

（二）微课丰富教学资源

初中英语教学利用微课提供更丰富的教学资源，可以帮助学生更好地理解和掌握知识点，提升学习效果。

1. 提供多样化的教学资源。

利用微课提供多样化的教学资源，可以让学生更加生动形象地理解知识点，提升学习效果。例如，在讲解某个历史事件时，教师可以加入相关的图片、文物、音频、视频等资源，让学生通过多种形式了解历史背景和文化。

2. 整合教学资源。

将多种教学资源整合到微课中，可以形成一个完整的教学单元，帮助学生全面理解和掌握知识点。例如，可以将一个单元的单词、语法、课文等内容整合到一个微课中，让学生通过一个视频就能够全面了解该单元的知识点，便于学生进行自主学习和复习。

3. 适应不同学生的需求。

不同的学生有不同的学习需求和学习方法。教师可以根据学生的实际情况，制作不同形式和难度的微课，满足不同学生的需求。例如，针对基础薄弱的学生，可以制作详细讲解和基础练习的微课，同时也可以针对学习能力较强的学生，制作一些拓展性的微课，增加学习的深度和广度。

4. 增强学生的学习体验。

利用微课提供丰富的教学资源，可以增强学生的学习体验，提高学生的学习兴趣。例如，通过演示文稿和动画的形式，可以将抽象的知识点形象化，让学生更加容易理解；同时，可以利用互动游戏等形式，增加学习的趣味性，提高学生的参与度。

5. 提高教学效率。

利用微课提供丰富的教学资源，可以提高教学效率。教师可以节省出讲解的时间，让学生通过观看微课自主探究和学习。同时，教师可以将更多的时间和精力投入课堂讨论和拓展活动中，引导学生深入思考和运用所学知识，提升教学质量和学生的学习效果。

（三）突破教学重点难点

利用微课突破重点难点，可以提高学生的学习效率和学习成绩，同时也可以培养学生的自主学习能力和自我发展能力。通过微课的学习，学生可以更好地理解和掌握重点难点，提升学习效果。此外，微课的学习也可以帮助学生更好地参与到课堂讨论和拓展活动中，进一步提升教师的教学质量和学生的学习效果。

1. 针对重点难点制作微课。

针对重点难点制作微课是指教师根据教材内容和学生的学习情况，分析出需要重点讲解和突破的难点，然后制作相应的微课视频。这种做法有利于有针对性地解决学生的学习问题，加深学生对重点难点的理解。例如，针对初中英语语法中的“现在完成时”，教师可以制作详细讲解的视频，包括定义、用法、构成等，帮助学生更好地掌握该语法点。

2. 突出重点难点。

在制作微课的过程中，突出重点难点可以帮助学生更好地理解和掌握知识。在视频的开头，教师可以明确指出该视频的主题和目标，让学生有明确的学习方向。同时，在讲解过程中，可以通过加粗、斜体、颜色等形式突出重点内容，引起学生的注意。

3. 采用多种教学形式。

为了让学生更好地理解和掌握重点难点，教师可以采用多种教学形式，如演示文稿、动画、互动问答等。演示文稿可以通过图文结合的方式，让学生更加直观地理解知识点；动画可以生动形象地展示知识点，提高学生的学习兴趣；互动问答可以让学生参与讨论，加深学生对知识点的理解。这些形式可以让学生更加生动形象地理解知识点，提升学习效果。

4. 提供额外学习资源。

在微课中，教师可以提供一些额外的学习资源，如练习题、参考书籍、学习网站等，以便学生进一步巩固和拓展知识点。这些资源可以帮助学生更好地掌握重点难点，提升学习效果。例如，针对“现在完成时”的微课，教师可以提供相应的练习题和参考书籍，以便学生进一步巩固和拓展对该语法点的理解。

（四）激活学生学习兴趣

利用微课激活学生学习兴趣，引导学生更加主动地参与到学习中，提升学习效果。教师可以通过以下方法设计符合学生需求的微课，激发学生的学习兴趣，让他们在轻松愉快的氛围中学习成长。

1. 运用多样化的形式和风格。

微课可以通过多种形式和风格呈现知识点，如动画、演示文稿、实景拍摄等。教师可以根据不同的主题和学生的喜好选择适合的形式和风格，从而吸引学生的注意力，激发学习兴趣。例如，在讲解抽象的语法知识时，可以运用动画形象地展示语法规则，帮助学生更好地理解和掌握。

2. 增强学生的互动性和参与感。

微课中可以设置互动环节，如提问、测验、投票等，鼓励学生参与学习过程，增强学生的参与感和互动性。这种互动性可以激发学生的兴趣和好奇心，提高学习的主动性。例如，在讲解完一个知识点后，可以设计相关的题目让学生解答，增加学习的互动性和参与感。

3. 针对学生的需求和兴趣。

教师可以根据学生的需求和兴趣，制作符合他们兴趣的微课，如结合学生的兴趣爱好或生活实际设计主题，让学生感受到学习与自身的相关性，从而增加学习兴趣。例如，针对喜欢音乐的学生，可以设计关于音乐的主题微课，引起他们的学习兴趣。

4. 提供及时反馈和奖励机制。

微课中可以设置及时的反馈机制和奖励机制，如解题竞赛、积分排名等。这些机制可以激发学生的好胜心和竞争意识，提高学习的动力和兴趣。

（五）培养自主学习习惯

学生可以利用微课这一有效的教学资源，培养独立自主的学习习惯和能力。通过制订计划、积极参与互动、主动解决问题、反思总结以及持续学习探索等方式，学生可以更好地掌握英语知识，提高自己的学习能力和综合素质。

1. 制订学习计划。

学生可以根据自己的时间和进度，制订具体的学习计划。计划可以包括每个微课的学习目标和任务，以及完成时间等。通过制订计划，学生可以更好地规划自己的学习，掌握学习进度，养成良好的学习习惯。

2. 积极参与互动。

在观看微课时，学生应该积极参与互动，回答问题、完成小测验等。互动可以让学生更好地理解知识点，提高学习能力和参与感。

3. 主动寻找解决问题的方法。

当学生在学习过程中遇到问题时，可以通过查阅相关资料、与同学交流、利用互联网资源等方式，寻找答案和解决方法。这样可以提高学生的解决问题能力和自主学习能力。

4. 反思和总结。

在微课结束后，学生应该及时反思和总结所学内容，巩固知识点，并思考如何将这些知识应用到实际生活中。反思和总结可以帮助学生更好地理解和掌握英语知识，将学习内容转化为自己的知识和技能。

5. 持续学习和探索。

学生可以利用微课这一资源，进行持续学习和探索。除了学习老师提供的微课之外，学生可自主寻找相关的英语学习资源，拓宽知识面，提高自己的学习能力，培养自己的探索精神。这样可以让学生更好地适应不断变化的学习环境和要求。

四、基于微课模式推动分层教学

由于每个学生的英语学习基础和学习能力不一样，因此可以基于微课教学模式推动初中英语分层教学。

（一）学生分层

学生分层是教师在实施分层教学中至关重要的一步，它直接影响到分层教学的效果和质量。初中英语教师不能仅凭日常测试成绩来划分小组，而需要通过实际调查和课堂反馈来了解每个学生的英语学习情况、能力水平、知识水平和英语潜力等各种情况，将学生分为 A、B、C 三个层次。

C 层次的学生属于英语学科学困生，对学习英语存在畏难和抗拒情绪，需要英语教师在有计划和有目的的阅读指导下，帮助学生提高英语水平。

B 层次的学生属于英语学科中等生，他们具备较好的英语阅读习惯，能够在英语教师的指导下读懂教材中具有一定难度的课文。

A 层次的学生属于英语学科的优等生，他们有良好的阅读习惯，并能读懂高于英语教材难度的课文。

以“Where’s my schoolbag?”主题教学为例，英语教师可以根据学生的实际学习情况将学生分为三个层次。教学中，可以将英语学习水平高的学生组成一组，英语基础能力中等的学生组成一组，英语学习积极性比较差的学生组成一组。此外，英语教师也可以利用互联网搜集相关素材，将其剪辑制作成微课短视频用于教学，让学生成为课堂的主体。通过合作学习，不同层次的学生可以加强互动沟通，每个学生都能够通过讨论来总结和整合知识点。英语教师只需要适当地进行引导和点拨，就能提升英语课堂的教学效率。

此外，针对不同层次的学生，英语教师还可以制订不同的教学目标和教学计划。例如，对于 C 层次的学生，重点在于培养他们的学习兴趣和基本阅读能力；对于 B 层次的学生，重点在于提高他们的阅读能力，使其掌握阅读策略；对于 A 层次的学生，则可以引导他们进行更高难度的阅读和思考。

（二）教学内容分层

教师可以利用微课实现英语教学的内容分层教学，使每个学生都能够获得适合自身水平的教学资源，提高他们的英语能力和学习信心。同时，也有助于培养学生的自主学习能力和合作精神，为他们的未来发展打下坚实的基础。

结合学生英语知识基础和能力水平，将学生分为不同层次，如基础层、提高层、优秀层等。针对不同层次的学生，教师可以制作不同难度的微课视频，以满足他们的学习需求。

在进行微课视频制作时，教师可以根据教学内容和目标，将视频分为不同的模块，如基础知识模块、拓展提高模块、综合运用模块等。针对不同层次的学生，教师可以结合他们的实际情况，让他们选择相应的模块进行学习。

在利用微课进行分层教学时，教师可以通过互动式的学习方式，引导学生积极参与学习。例如，针对基础层的学生，教师可以设置一些基础性的问题，引导学生进行思考和回答；针对提高层和优秀层的学生，教师可以设置一些具有挑战性的问题，激发他们的探究精神和创新能力。

（三）评价分层

通过分层评价，教师可以更好地了解学生的学习情况，激发他们的学习动力和信心。同时，也可以帮助他们更好地认识自己的学习优势和不足，为他们未来的学习打下坚实的基础。

根据学生的学习成绩、学习态度、学习习惯和接受知识的能力等方面的情况，将班里的学生“动态”地分为 A、B、C 三个层次。A 层为优等生，考试成绩优异、学习习惯良好、认知能力强、对英语学习兴趣浓厚；B 层为中等生，在英语学习上有一定的进取心，有一定的学习能力和发展潜能，但学习习惯和接受能力稍差，需要老师和学习组长的督促和辅导；C 层为学困生，学习习惯差，思维反应慢，在学习上有障碍，考试成绩差。

针对不同层次的学生，设置不同的评价标准。对于 A 层学生，要求他们能够灵活运用英语知识，提高思维能力和表达能力；对于 B 层学生，要求他们能够掌握基本知识和技能，能够在老师的指导下进行拓展学习；对于 C 层学生，要求他们能够掌握基本词汇和语法，能够读懂简单的英语材料。

在进行分层评价时，教师需要关注学生的个性差异和发展潜力。对于 A 层学生，需要提出更高难度的要求，鼓励他们挑战自我；对于 B 层学生，需要给予更多的指导和辅导，帮助他们克服学习障碍；对于 C 层学生，需要给予更多的鼓励和支持，帮助他们建立学习信心。

在评价过程中，教师还需要注重学生的情感因素和态度表现。通过与学生进行交流和互动，了解他们的学习需求和困难，给予及时的帮助和支持。

第三节　直播教学

一、直播教学的概念与教学特点

初中英语直播教学是一种实时在线的教学方式，它通过互联网技术将不同地点的教师与学生连接起来，实现远程授课和学习。这种教学方式具有实时互动、灵活性高、教学内容丰富等特点，能够为学生提供更加直观、生动的英语学习体验，促进师生之间的交流与互动，有效提升学生的学习效果和兴趣。

（一）直播教学的概念

初中英语直播教学是一种基于互联网和实时通信技术的在线教学模式。它通过视频会议软件、实时聊天工具、在线会议系统等工具，实现教师与学生之间的远程互动教学。在这种模式下，教师可以通过视频、音频、图像、文字等方式，实时地向学生传授英语知识，与学生进行互动交流和答疑解惑。学生则可以通过电脑、平板、手机等设备，随时随地参与直播教学，不受时间和地点的限制。

（二）初中英语直播教学的特点

初中英语直播教学是一种便捷、高效、互动、个性化的在线教学模式，能够满足学生的个性化学习需求，提升学生的英语学习效果。同时，它也符合现代教育的趋势和要求，是一种值得推广的教育方式。

1. 方便灵活。

初中英语直播教学的灵活性主要体现在学生可以自由安排学习时间和地点。它不再受传统课堂固定时间和地点的限制，学生可以在任何时候、任何地点进行学习，充分利用碎片化的时间，提高学习效率。这种灵活的学习方式特别适合忙碌的学生，他们可以根据自己的时间安排和学习需求，更加灵活地安排学习计划。如有一个忙碌的初中生，每天要参加各种课外活动，很难在固定时间和地点进行英语学习。但是通过初中英语直播教学，他可以在自己有空闲的时间，比如在周末、假期等，随时随地通过网络进行英语学习，大大提高了学习效率和便利性。

2. 教学资源丰富。

网络英语教育为学生提供了丰富的教学资源，包括各种视频、音频、图像、动画等。教师可以通过网络获取各种教学素材，将它们整合到教学中，为学生提供更加生动、形象的学习内容。此外，各种在线工具和平台也为学生提供了多样化的学习资源，如在线词典、翻译工具、语法检查器等，帮助学生更好地理解和掌握英语知识。

如英语教师在直播教学中使用了一种新型的在线虚拟实验室，为学生模拟了真实的实验环境，让他们能够通过实验操作来学习英语。在这个虚拟实验室中，学生可以使用各种实验器材和设备，通过实时的语音和视频交流，与教师和其他学生进行讨论和分享，更加深入地理解和掌握英语知识。

3. 互动性强。

初中英语直播教学中的互动性是其重要特点之一。通过视频会议软件、实时聊天工具等，师生之间可以进行实时的语音、视频交流，实现即时问答、讨论、答疑等互动式教学方式。这种互动式的教学方式可以激发学生的学习兴趣，提高其参与度，促进师生之间的交流和沟通，提升学生的学习效果。

如英语教师在直播教学中使用了在线投票和互动问答功能，让学生参与课堂互动。他提出一些问题，让学生通过在线投票选出答案，然后与全班学生进行讨论和分享。这种互动教学方式不仅激发了学生的学习兴趣，提高了学生的参与度，还帮助他们更好地理解和掌握英语知识。

4. 个性化教学。

初中英语直播教学可以根据学生的实际情况和需求，制订个性化的教学计划和方案，实现个性化教学。通过分析学生的英语水平、学习特点和学习需求，教师可以针对不同学生制订不同的教学和辅导方案，以满足不同学生的需求。这种个性化教学方式可以更好地发挥每个学生的潜力，提升学习效果。

如英语教师通过直播教学为不同水平的学生制订了个性化的教学计划。他为英语水平较低的学生提供了基础语法和词汇的课程，为英语水平较高的学生提供了拓展阅读和写作的课程，同时还为一些对口语表达能力有特殊需求的学生提供了口语训练的课程。这种个性化教学方式满足了不同学生的需求，帮助他们更好地提高自己的英语水平。

5. 学习效果直观。

初中英语直播教学可以通过直播教学中的测试和作业，让学生及时了解自己的学习效果。教师也可以根据学生的反馈及时调整教学策略，更好地满足学生的学习需求。这种及时反馈的方式可以激发学生的学习积极性和主动性，提升学习效果。同时，学生也可以通过测试和作业来检验自己的学习成果，发现自己的不足之处，促进自我提升。

如英语教师在直播教学中定期进行小测验和作业检查，及时了解学生的学习情况。他根据学生的反馈及时调整教学策略，更加关注学生的学习难点和需求。同时，他也鼓励学生通过测试和作业来检验自己的学习成果，发现自己的不足之处，并加以改进。这种及时反馈和自我反思的方式提升了学生的学习效果和学习主动性。

二、初中英语直播教学步骤

初中英语直播教学要达到较为理想的效果，需要教师做好课堂准备，最好有独特有趣的开场白，并做好直播过程中的各种引导，最后做好评估与检测。

（一）课前准备

在课前准备阶段，教师需要提前准备好教学资料和工具，确定教学目标和教学内容，设计教学环节和活动。这些准备工作可以帮助教师更好地掌控教学进度和效果。同时，教师也需要提醒学生做好课前准备，如预习相关知识点，准备好听课设备和参与互动的道具等。这样可以帮助学生更好地参与教学，提升学习效果。

如英语教师在直播教学前，要提前收集和整理好相关的英语知识点和素材，设计好教学环节和活动，选定合适的视频会议软件和工具。同时，还要提前通知学生做好课前准备，这样可以使教学更加顺畅，提升学生的学习效果。

（二）开场白

在开场白阶段，教师通过视频会议软件或其他工具进行自我介绍，介绍本次直播教学的主题和目标，引导学生进入学习状态。这个阶段可以帮助学生更好地了解本次教学的主题和目标，激发学生的学习兴趣和好奇心。

英语教师在直播教学开始前，通过视频会议软件向学生自我介绍，并介绍本次教学的主题和目标。利用一些引导性的问题或活动，激发学生的学习兴趣和好奇心，引导学生进入学习状态。

（三）教学过程

在直播教学过程中，教师可以根据设计好的教学环节和活动，引导学生参与互动，进行语音、视频交流，实现即时问答、讨论、答疑等。同时，教师也可以利用各种教学素材和在线工具，为学生提供更加生动、形象的学习内容。这些教学活动可以帮助学生更好地理解和掌握英语知识，提升学习效果。

（四）测试和作业

在直播教学中，教师可以根据教学内容和目标，设置相应的测试和作业，检验学生的学习效果。这些测试和作业可以帮助学生及时了解自己的学习效果，发现自己的不足之处，促进其自我提升。同时，教师也可以根据学生的反馈及时调整教学策略，更好地满足学生的学习需求。

英语教师在直播教学中根据教学内容和目标，设置相应的测试和作业。他可以利用在线测试工具进行随堂测试，或者布置一些课后作业，让学生在线提交。然后根据学生的测试和作业情况，及时调整教学策略，更好地满足学生的学习需求。

（五）总结与反思

在直播教学结束后，教师需要对本次教学进行总结与反思，分析教学中存在的问题和不足之处，提出改进措施，为今后的教学提供经验和参考。这个阶段可以帮助教师更好地提升自己的教学能力，提高教学质量。

三、教师冷静理性处理直播教学中的突发情况

在处理突发情况时，教师需要保持冷静、灵活应对，确保教学的顺利进行。同时，教师也需要不断总结经验，完善教学方案，提高直播教学的稳定性和可靠性。

（一）技术故障

在直播教学中，可能会出现技术故障，如网络不稳定、视频卡顿、声音中断等问题。这些技术故障可能会影响教学的顺利进行，因此教师需要提前预估可能出现的技术问题，并准备好相应的解决方案。

首先，教师需要选择稳定的网络和合适的视频会议软件，确保直播教学的稳定性和流畅性。如果出现网络不稳定的情况，教师可以使用备用网络或使用多线路备份等来确保直播教学的正常进行。

其次，教师需要准备好音视频设备，并测试其连接和运行情况。如果出现视频卡顿或声音中断等问题，教师可以提前测试设备的性能和连接情况，并准备好备用设备以备不时之需。

在出现技术故障时，教师需要保持冷静，及时寻找解决方案。例如，在出现视频卡顿的问题时，教师可以尝试调整视频清晰度或关闭一些不必要的视频窗口来提高直播的流畅性。如果问题无法解决，教师可以考虑采用其他教学方式，如通过语音通话或文字交流等方式来进行教学。

（二）学生参与度不高

在直播教学中，可能会出现学生参与度不高的情况，如学生不积极参与互动、开小差等。这可能会影响教学的效果和质量，因此教师需要采取措施提高学生的参与度。

首先，教师可以设置有趣的互动环节，吸引学生的注意力。例如，教师可以利用视频会议软件的互动功能，设计一些互动游戏或讨论环节，让学生积极参与互动。同时，教师也可以通过奖励等方式来激励学生积极参与互动。

其次，教师可以利用视频会议软件的监控功能，及时发现不参与互动的学生，提醒他们积极参与。例如，教师可以私下提醒学生认真听讲，或者让不参与互动的学生担任某些角色或承担某项任务，提高他们的参与度。

（三）学生提问

在直播教学中，可能会出现学生突然提问的情况。教师需要认真听取学生的问题，并给予明确的回答。如果有些问题比较复杂，教师可以在课后通过在线工具为学生进行详细解答。同时，教师也可以鼓励学生通过在线工具进行讨论和分享，促进相互学习。

为了更好地回答学生的问题，教师可以提前准备好一些常见问题的答案和解决方案，并在直播教学中及时解答学生的问题。同时，教师也可以引导学生进行讨论和分享，让学生相互解答问题，提升他们的学习效果和参与度。

（四）突发情况

在直播教学中，可能会出现突发情况，如教师或学生临时有事、外部干扰等。这些突发情况可能会影响教学的正常进行，因此教师需要提前制订应对方案。

在出现突发情况时，教师需要保持冷静，积极应对。例如，在出现教师临时有事的情况时，教师可以及时调整教学计划和内容，确保教学的顺利进行。如果遇到外部干扰，教师可以尝试调整教学环境或采用其他教学方式来减少干扰的影响。

四、初中英语直播教学策略

网络直播教学是一种新兴的教学模式，教师在教学的过程中，难免会出现各种各样的问题。因此，初中英语教师有必要不断地总结网络直播教学的经验，探究其他教师有效的直播教学方法，不断地更新自己的教学思想和教学方法，让自己的网络直播教学能够更为有效，使学生能够更好地进行知识的学习。

（一）转变观念，加强课堂准备

首先，教师需要转变传统的教学观念。传统的初中英语课堂教学模式主要是以教师为中心，教师掌控课堂，传授知识，学生被动接受。这种教学模式缺乏对学生需求和特点的关注，限制了学生的主动性和创造力。而在直播教学中，教师需要树立以学生为中心的教学观念，关注学生的需求和特点，引导学生主动参与学习，培养学生的自主学习能力和合作精神。

其次，教师需要做好课前准备。在直播教学中，教师需要提前准备好相应的教学资源和技术工具。具体来说，教师需要提前选择好合适的技术工具，如视频会议软件、在线教学平台等，并熟练掌握软件的操作和使用方法。同时，教师还需要根据教学计划和方案，准备好教学内容，制订合理的教学目标和任务，确保直播教学的顺利进行。此外，教师还需要了解学生的基本情况，如英语水平、学习特点等，根据学生的实际情况制订相应的教学计划和方案。

再次，教师应该注重培养学生的自主学习能力和合作精神。在直播教学中，学生需要具备一定的自主学习能力和合作精神，才能更好地参与学习。因此，教师需要在课前准备中设计相应的学习活动和任务，引导学生进行自主学习和合作探究。

最后，直播教学需要教师具备更高的教学能力和信息技术素养。直播教学不同于传统的课堂教学，它需要教师具备更高的信息技术素养，如网络授课能力、在线交流能力等。同时，直播教学也需要教师具备更高的教学能力和专业素养，如课程设计能力、教学组织能力、学习指导能力等。因此，教师需要不断学习和提升自己的教学能力和信息技术素养，以更好地适应直播教学的需求。

（二）增加交流，促进课堂互动

首先，教师需要利用视频会议软件等工具，加强与学生之间的互动。视频会议软件等工具为直播教学提供了良好的互动环境，教师可以通过软件中的语音、视频、文字等方式与学生进行实时互动。在互动过程中，教师可以提出问题、解答疑惑、引导学生思考，同时也可以听取学生的意见和建议，了解学生的学习情况。这样的互动方式可以增强学生的参与感，促进学生的主动学习和思考，提升学习效果。

其次，教师需要鼓励学生之间的互动和合作。在直播教学中，教师可以设计一些需要团队合作的任务，让学生通过在线工具进行合作学习和讨论。这样的学习方式可以促进学生的交流和合作，让学生在互动中互相学习、互相帮助，增强学习效果。同时，教师也可以通过学生之间的互动，了解学生的需求和问题，及时给予指导和帮助。学生之间的互动和合作也可以为学生的自主学习和终身发展打下良好的基础。

最后，教师需要营造积极互动的课堂氛围。在直播教学中，教师可以通过语言、表情、肢体语言等方式，营造积极互动的课堂氛围。例如，教师可以采用幽默风趣的语言，吸引学生的注意力；教师可以利用表情和肢体语言，表达情感和意思，增强与学生之间的互动。同时，教师也需要关注学生的情感需求，营造一个轻松、愉快的课堂氛围，提升学生的参与度和学习效果。积极互动的课堂氛围可以激发学生的学习兴趣和好奇心，促进学生的学习和发展。

（三）勤于收集，保证学习效果

首先，教师可以通过在线测试和作业来收集反馈信息。在直播教学中，教师可以根据教学内容和进度，定期安排在线测试和作业，以检验学生的学习效果。在线测试和作业可以包括选择题、填空题、阅读理解、写作练习等，以多样化的形式检验学生的语言能力。通过在线测试和作业的反馈，教师可以了解学生的学习情况，及时发现学生的学习难点和问题，并给予及时的指导和帮助。这种反馈方式有助于教师针对学生的问题制订个性化的教学方案，提升学生的学习效果。

其次，教师可以通过在线交流和互动来收集反馈信息。在直播教学中，教师可以利用视频会议软件的互动功能，与学生进行实时交流和互动。通过在线讨论、答疑、作业提交等环节，教师可以了解学生的需求和学习情况，及时发现并解决学生的学习问题。例如，在讨论环节中，教师可以引导学生进行讨论，收集学生的意见和建议，了解学生对教学的看法和需求。在答疑环节中，教师可以实时回答学生的问题，解决学生的疑惑，提升学生的学习效果。这种反馈方式有助于教师及时掌握学生的学习情况，调整教学策略和方式，提升教学效果。

最后，教师可以通过学生评价来收集反馈信息。在直播教学中，教师可以定期组织学生进行在线评价，了解学生对教学的满意度和学习效果。学生评价可以包括对教学内容、教学方式、教学资源、教师表现等方面的评价，以多样化的形式了解学生对教学的看法和需求。通过学生评价的反馈，教师可以发现教学中存在的问题和不足，及时调整教学策略和方式，提升教学效果。同时，学生评价也有助于激发学生的学习兴趣，提高其参与度，促进学生的主动学习和思考。这种反馈方式有助于教师提高教学质量和水平，满足学生的需求和期望。

（四）家校联合，督促学生学习

首先，教师需要与家长建立良好的沟通机制。在直播教学开始前，教师可以利用各种通信工具，如电话、微信、电子邮件等，与学生家长取得联系，了解学生的家庭情况、学习环境等。同时，教师也可以建立家长群或家长联系簿，及时发布教学信息、作业要求、考试安排等，让家长了解学生的学习进度和要求。与家长建立良好的沟通机制，可以增强家长对直播教学的理解和支持，加强家长对学生的学习监督，提高其参与度。

其次，教师需要与家长共同督促学生学习。教师可以通过家长群或家长联系簿，向家长传达学生的学习要求和目标，让家长协助监督学生的学习进度和质量。例如，教师可以要求家长检查学生的作业完成情况、测试成绩等，并及时向教师反馈。教师也可以向家长推荐一些学习资源和建议，引导家长协助学生提升学习效果。与家长共同督促学生学习，可以形成教育合力，提升学生的学习效果和应对考试的能力。

最后，教师需要与家长共同关注学生的情感需求。直播教学可能会给学生带来一些情感压力和困扰，如学习焦虑、孤独感等。教师需要与家长共同关注学生的情感需求，及时给予学生关怀和支持。例如，教师可以定期与学生进行视频交流，了解学生的困难和需求，提供指导和帮助。教师也可以引导家长关注学生的情感健康，营造良好的家庭氛围，支持学生的健康成长。与家长共同关注学生的情感需求，可以增强学生的学习动力和信心，提高学生的学习积极性和参与度。

五、初中英语直播教学优化路径

想要优化初中英语直播教学，应要求学生做好直播学习准备，做好预习，并认真听讲，做好记录。

（一）做好直播听课准备

初中英语直播教学需要学生做好上网准备。学生需要具备基本的网络硬件设备，掌握基本的网络操作技能，了解直播教学的规则和要求。只有这样，才能保证直播教学的顺利进行，提升学生的学习效果和应对考试的能力。

首先，学生需要具备基本的网络硬件设备。在直播教学中，学生需要有一台电脑或者智能手机等网络设备，并且需要保证网络连接稳定可靠。学生可以提前检查网络设备是否能够正常运行，如是否能上网、是否有足够的存储空间等。

其次，学生需要掌握基本的网络操作技能。在直播教学中，学生需要能够熟练地进行网络操作，如打开直播平台、参与讨论、提交作业等。这些技能对于顺利参与直播教学是非常必要的。

最后，学生需要了解直播教学的规则和要求。在直播教学中，教师会制定一些规则和要求，如按时参加直播、遵守直播纪律等。学生需要提前了解并遵守这些规则和要求，以保证直播教学的顺利进行。例如，学生需要遵守直播教学的时间安排，按时参加直播课程。在直播过程中，学生需要遵守直播纪律，如不随意发言、不进行与课程无关的操作等。这些规则和要求的遵守，可以保证直播教学的顺利进行，提升学生的学习效果和应对考试的能力。

（二）做好直播教学预习

学前预习是初中英语直播教学的重要环节之一，它可以帮助学生在直播教学前了解教学内容、明确学习目标，更好地跟上教师的教学进度。

首先，教师需要提前告知学生预习的内容和要求。在直播教学前，教师可以通过班级公告、微信群等方式，告知学生需要预习的单元，以及词汇、语法等知识点，并明确预习的要求和目标。例如，教师可以在班级公告中发布预习清单，列出需要预习的单元和知识点，并要求学生熟读课文、查找生词、尝试理解语法结构等。这样可以帮助学生在预习时有针对性，更好地掌握教学内容。

其次，教师需要提供预习的材料和资源。在直播教学前，教师可以提供一些预习的材料和资源，如教学视频、课文录音、词汇表等，帮助学生更好地进行预习。这些材料和资源可以是教师自己制作的，也可以是网络上收集到的优质资源。例如，教师可以提供教学视频，针对每个单元的重点和难点进行讲解，帮助学生理解课文的意思和语法规则。学生可以通过观看视频、听课文录音、阅读词汇表等方式进行预习，初步了解教学内容。

最后，教师需要设计预习的练习和活动。在直播教学前，教师可以设计一些预习的练习和活动，如词汇填空、句型转换、阅读理解等，以检验学生的预习效果。这些练习和活动可以是纸质或者在线的，可以在直播教学前进行，也可以在直播教学中进行。例如，教师可以设计词汇填空练习，给出一些课文中的关键词汇，让学生根据上下文填空。通过预习的练习和活动，学生可以进一步巩固和加深对教学内容的理解和掌握。

（三）直播过程认真听课

认真听课是初中英语直播教学的基础和关键。学生只有认真听课，才能更好地理解课程内容，提升学习效果。同时，教师也需要根据学生的实际情况及时调整教学策略和方式，提升教学效果，为学生的英语学习和终身发展打下坚实的基础。

第一，保持专注。在直播教学过程中，保持专注是非常重要的。学生需要集中注意力，避免分心或被其他事情干扰。例如，学生可以将手机关闭或将其置于静音状态，以免受到来电、短信或其他通知的干扰。这样可以避免分散注意力，更好地专注于直播教学。

第二，积极参与。在直播教学中，积极参与讨论、提问和回答问题是非常重要的。这不仅可以展示学生的学习热情和积极性，还可以让教师更好地了解学生的学习需求和问题。例如，当教师提出一个问题时，学生可以积极思考并举手回答。这样不仅可以加深对课程内容的理解，还可以与其他学生分享自己的思考和见解。

第三，关注教师讲解。在直播教学中，学生需要重点关注教师讲解的内容和方法。教师通常会针对课程内容进行深入的讲解和分析，学生需要认真听取教师的讲解，理解课程内容的重点和难点。

第四，记笔记。在直播教学过程中，及时记下重要的知识点是非常重要的。这有助于学生加深对课程内容的理解，并在课后进行复习。例如，当教师讲解一个重要的语法规则时，学生可以及时记下，并理解该规则的应用。这样可以帮助学生在课后巩固知识，提升学习效果。

第五，课后复习。在直播教学后，及时进行复习和巩固是非常重要的。这有助于更好地掌握课程内容，提升学习效果。例如，学生可以回顾直播教学过程中的笔记，重新阅读教材的相关章节，或者完成相关的练习和作业。通过及时的复习和巩固，可以加深对课程内容的理解。

（四）师生积极在线互动

积极有效的师生互动是初中英语直播教学的重要环节。只有通过有效的互动，才能更好地了解学生的学习需求和问题，提升教学质量和学生的学习效果。同时，教师也需要根据学生的实际情况及时调整教学策略和方式，为学生的英语学习和终身发展打下坚实的基础。

第一，利用教学平台的功能。现在有很多教学平台提供直播教学功能，这些平台通常具有互动功能，如提问、回答问题、展示学生作品等。教师应充分利用这些功能，让学生在直播教学中更好地参与互动。例如，教师可以在直播教学中开启弹幕功能，让学生能够实时发表自己的观点和想法，增加师生之间的互动。教师也可以利用教学平台的投票功能，针对某个问题进行投票，让学生能够表达自己的意见和看法。

第二，关注学生的反馈。在直播教学中，教师应关注学生的反馈，如学生的表情、疑问、困惑等。这可以帮助教师及时了解学生的学习情况，调整教学策略和方式。例如，如果发现学生对于某个知识点有困惑，教师可以再次讲解或提供更多的例子帮助学生理解。教师还可以利用教学平台的答疑功能，让学生在直播教学后提出自己的问题，并在直播教学中进行解答。

第三，设计互动环节。在直播教学前，教师可以设计一些互动环节，如提问、小组讨论、角色扮演等，这可以激发学生的参与热情，促进师生和生生之间的交流和互动。此外，教师可以安排学生进行小组讨论，让学生互相交流观点和想法，然后再在直播教学中进行分享和讨论。教师也可以设计角色扮演的环节，让学生模拟真实的场景进行对话和表演，增强学生的口语表达能力和表演能力。

第四，及时反馈和评价。在直播教学后，教师应对学生的表现进行及时反馈和评价。这可以帮助学生对自己的学习情况进行反思和改进。例如，教师可以对学生的作业进行点评，指出优点和不足，并给出相应的建议和指导。教师还可以利用教学平台的成绩管理功能，对学生的表现进行评分和评价，帮助学生了解自己的学习进度和不足之处。

第四节　云课堂教学

一、云直播课堂概念与教学特点

（一）概念

初中英语云直播教学指的是基于云计算技术和网络平台，将初中英语课程以直播的形式进行远程在线教学的一种教学模式。它结合了现代信息技术和教育教学理念，旨在为学生提供实时、互动的英语学习环境，促进教学效果的提升和学生的全面发展。

云课堂指的是基于云计算和网络技术的一种在线学习环境。它通过远程培训系统，突破时空和地域的限制，实现高质量的网络教学。云课堂可以兼容多种终端接入，如 PC、手机、平板等，让学生可以在任何时间、任何地点通过互联网参与学习。教师可以利用云课堂平台开展在线授课、布置作业、考试评估等教学活动，学生可以通过云课堂访问学习资源，与老师、同学进行交流讨论。

（二）教学特点

初中英语云直播教学利用云计算技术，将教师和学生在课堂上的教学活动实时直播，包括教师的讲解、示范，以及学生的互动、讨论等。通过直播平台，学生可以在任何时间、任何地点参与学习，打破了传统课堂教学的时间和地点限制。同时，学生还可以通过视频回放功能重复学习，加深对知识的理解。

1. 提供真实的语言环境。

云直播教学可以为学生提供真实的语言环境，让他们感受到英语的实际应用。通过直播平台的互动，学生可以与其他学生进行英语交流，模拟真实的语言场景，如小组讨论、角色扮演等，从而增强英语语感和口语表达能力。例如，在英语口语课上，教师可以利用云直播教学平台让学生进行小组讨论，用英语交流观点和想法，从而锻炼他们的口语表达能力。

2. 提供多样化的教学形式。

云直播教学提供了多样化的教学形式，如视频直播、在线讲座、互动演示等。这些形式可以让学生更加积极地参与学习，激发他们的学习兴趣。教师可以根据不同的教学内容和目标，选择合适的教学形式，以满足学生的需求。例如，在进行英语阅读理解教学时，教师可以利用云直播教学平台开展在线讲座，通过直播讲解阅读技巧和方法，同时展示一些与阅读相关的图片、视频等多媒体资源，帮助学生更好地理解和掌握阅读技巧。

3. 提供及时的学习反馈。

云直播教学可以为学生提供及时的学习反馈。学生在学习过程中可以随时向教师提问，得到教师的及时回答和指导。此外，云直播教学还可以通过数据化分析，为学生提供学习进度、学习难点等方面的反馈，帮助他们更好地调整学习策略。例如，在英语写作课上，学生可以通过云直播教学平台及时向教师提问，得到教师的指导和反馈。同时，教师也可以通过数据化分析，了解学生的写作进度和难点，及时调整教学策略。

4. 提供个性化的学习体验。

云直播教学可以为学生提供个性化的学习体验。学生可以根据自己的学习进度和兴趣，选择合适的学习内容和方式。教师也可以根据学生的个性化需求，为他们提供定制化的学习方案和指导，帮助他们更好地提高英语水平。

5. 提供跨时空的学习资源。

云直播教学打破了传统课堂教学的时间和地点限制，学生可以在任何时间、任何地点进行学习。这样，即使在无法参加课堂学习的情况下，学生也可以通过云直播教学进行学习，保证学习进度。同时，云直播教学还可以将优秀的教学资源整合在一起，让学生接触到更广阔的知识领域。例如，在英语听力课上，教师可以利用云直播教学平台将优秀的听力资源整合在一起，如英语新闻、电影、电视剧等，让学生接触到更广阔的知识领域，提高他们的英语听力水平。

二、初中英语云直播教学步骤

初中英语云直播教学需要教师制订详细的教学计划，选择合适的直播平台，灵活运用多种教学方法，并及时评估学生的学习成果，以实现教学目标，提升学生的学习效果。

（一）明确教学目标

在开始云直播教学之前，教师需要明确教学目标。这包括学生需要掌握的语言技能和知识，以及如何评估学生的学习成果。例如，教师可以将“掌握动词时态的用法”作为语言技能目标，将“能够用英语流利地表达自己的观点”作为口语表达目标，同时制定相应的评估方法，如课堂测试和作业等。

（二）制订教学计划

根据教学目标，教师需要制订详细的教学计划，包括每周的教学主题和活动，以及教学时间的安排。例如，教师可以在一周内安排三个主题，每个主题需要两个课时，并设计相应的活动和任务，如讲解、演示、讨论等。

（三）选择合适的直播平台

选择一个适合初中英语的直播平台，这个平台应该能够支持实时互动和共享文件，可以方便地进行演示和讨论。

（四）营造积极的学习氛围

在直播教学中，营造一个积极的学习氛围非常重要。教师可以通过分享自己的学习经验、鼓励学生提问和回答问题、给予学生及时的反馈等方式来营造积极的学习氛围，以激发学生的学习兴趣和积极性。

（五）灵活运用多种教学方法

在云直播教学中，教师可以灵活运用多种教学方法，如讲解、演示、讨论、互动游戏等，以激发学生的学习兴趣和提升学生的学习效果。例如，教师可以采用讲解和演示相结合的方式，通过演示图片、视频等素材，帮助学生更好地理解语法规则和词汇意义。

（六）布置课后作业

课后作业是巩固学生学习成果的重要手段，教师可以布置一些适合初中生的课后作业，如阅读理解、写作、听力练习等。

（七）及时评估学生的学习成果

根据教学目标和评估方法，教师需要及时评估学生的学习成果，并对学生的学习情况进行反馈和指导。例如，教师可以根据学生的课堂表现、作业完成情况等评估学生的学习成果，并及时给予反馈和指导，以帮助学生更好地掌握语言技能和知识。

三、初中英语云直播智慧教学策略

“云”环境是指能够从动态虚拟化的资源池中向用户或者各种应用系统按需提供计算能力、存储能力或者虚拟机服务等的互联网或者大数据环境。在这一环境下构建初中英语的智慧课堂，可以使学生的英语学科素养得到更好的发展，在智慧课堂中，老师们可以通过网络互动技术和电子白板来实现知识的有效传播。同时，智慧课堂与英语资源之间可以实现互联互通，使其更好地适应学习者的学习需要。

（一）依托“云”环境创造生动的情境

初中英语教师可以借助“云”环境来创造良好的教学气氛，增加英语课堂中的“吸引力”。学生是教学活动中的主要参与者，他们自身的认知特征和发展特点都会影响到整个课程的效果。老师在进行教学时要对教学目标进行清晰的剖析。英语教科书是英语教学的主要资源和手段，但在某些情况下，教材不能完全适应学生的需要，或者缺乏生动的情境展示其知识内容。结合互联网技术和丰富的教学资源，教师可以通过设计智能情境，有针对性地创建英语教学情境，这样既可以丰富课本上所缺少的英语知识内容，也可以有效地提高学生的学习热情。

以“My school day”主题教学为例，教师可以将课文中的语法重点（询问和表达时间的句式）制作成生动的课件，先导入视频对话，让学生在听的过程中了解人物是如何询问和表达时间的，再呈现课件内容，让学生掌握句式后，给动画配音，动画有两个角色，一问一答，且动画上的时钟和人物活动会一直变化，学生就要根据不同内容提问和作答。

智慧英语课堂能为学生创造良好的学习环境，教师可以利用图片、视频和材料的统筹整合，将英语阅读内容变得更加情景化，丰富、直观、生动、灵活、有趣，更好地激发学生的学习热情，让学生置身在一个真实的环境中，激发其思考力，提高学生分析问题的能力和英语语感。

（二）借助“云”环境丰富英语教学的手段

在英语学科中构建智慧课堂，是英语教学面临的机遇与挑战。在平时的课堂上，老师应该注意培养学生们的口头语言能力、表达能力和英语听说能力，使他们能够大胆地表达。借助信息技术，教师可以运用多种手段提升学生的课堂参与度。举例来说，教师可以设计角色扮演的环节，将一些对话内容的音频设置为静音，制作文字字幕，让学生看着字幕内容进行课文的配音，或者让学生根据中文字幕配英文对白，这样可以很大程度地提升学生的口语表达能力。这种教学方法可以有效地引起学生的兴趣，让他们更多地参与到课堂中来，提升英语口语的教学效果。

传统的英语阅读教学中，往往采取教师主导、学生被动听讲的方式，这种方式不能很好地引起学习者的兴趣，而且也不能达到预期的教学效果。因此，教师可以将智慧课堂运用于英语学科的教学中。由于课堂教学的时间较短，老师只对教材中所说的内容进行解释，而对课后的学习却极不重视。这种教学方式不能适应当前的素质教育需要。因此，在英语阅读教学中，教师应运用信息化技术，构建智慧课堂，凸显学习者的主体性。比如，老师可以把教学大纲做成 PPT，运用关键词标红、艺术字等，使课程的教学内容更加丰富，同时也可以通过思维导图来呈现教学内容的逻辑性，帮助学生梳理好课本的知识，如此学生对英语知识的理解和记忆也将会得到加深。智慧课堂旨在运用互联网的科技手段打造更为生动有趣的课堂，教师应当与时俱进，不断挖掘多种信息教学手段，创新自身的教学模式。

（三）挖掘“云”环境下的深度学习资源

知识和技术要素在新的时代日益重要，终身教育观念的推广和深入使得教育越来越关注学生综合素质的发展，学生的自觉性逐渐被提到和关注，凸显学生的主体性逐渐成为新课程改革的重点方向。传统教学中，也曾有学生自主学习的案例，但受限于自身的能力，往往会变为孤立的、静态的思考方式，缺乏相应的教学平台，教学的成效就难以保证。“云”环境下大量学习资源的涌现，让这个问题得到了解决，各种学习工具和资料都得到了极大的丰富，网络学习资源可以为学生们的学习提供更加稳固和坚实的支撑。例如，教师可以制作各种类型的“微课”视频，大量收集与购买有关的虚拟资料，并加以整合，将其制作成精美立体的影像资料，每份影像的时长一般为8—10分钟，并且发布和分享到学生的学习平台中，为学生的自主学习指明了方向。如教师讲解初中英语作文，可以根据作文主题制作相应的教学指导视频，讲解“环境保护”主题的作文，教师可以按照这个主题进行拓展，搜集有关空气污染和环境保护的相关录像和照片，把它们做成教学课件，指导学生们对作文主体有整体的认知和感悟。此外，教师还可为学生提供写作结构的指导，教导学生学会谋篇布局和运用好词好句美化自己的作文，教师可以将好词好句和优秀范文上传到视频中，让学生进行赏析，以此来提高学生的写作能力和效率。这种方法既能提高学生的创作积极性，也能帮助学生形成良好的写作思路和习惯。

（四）优化“云”环境下的英语教学评价

初中英语教师在教学中要充分重视学生在课前、课中、课后的各种评价，把形成性评价、质量评价、综合性评价和过程性评价有机地联系起来，充分调动学生的主观能动性，促使他们更好地融入课堂中，从而更好地理解自身的学习问题，不断提高自己的英语素质，以实现智慧课堂的良性发展。此外，通过构建教学评估的数据平台，收集学生的学业表现、作业成绩，并对其进行统计，从而了解其整体的表现。通过对数据的统计和分析，可以更好地评估学生的总体素质，同时也可以通过对数据平台的分析来指导和协助学生进行学习，从而达到良好的教学效果。在当前的智慧课堂发展阶段，高科技水平不断提高，各类英语测试和互动功能逐渐完善，有利于缓解课堂教学中的紧张情绪，提高评价的适用性。英语单词的测试卡就是最典型的一种，每个单词都有相应的发音，只要用鼠标一按，就会发出相应的声音，学生可以跟读录音，并附带语音记录和评分。这种评分对于巩固初中学生的单词知识，拓展其词汇量有重要的帮助。

总之，“云”环境是新时代科技理念综合发展的结果，它对共享数据和教学创新起到了正面推动的作用，可以让初中英语课堂更加灵活和开放。在教学实践中，老师要更好地利用智慧课堂的优点，使学生在学习过程中能够更好地体现出主体性。

四、初中英语云直播教学实践——基于写作教学整合角度

教育改革的不断深入对于教师的教学效率和教学方法都提出了新的要求，在“云直播教学”背景下的英语写作教学的整合实践是近年来广大一线初中英语教师们研究的一个重点问题，也是深化落实新课程教育改革的重要措施。“云直播教学”是基于互联网云计算技术的一种高效、便捷、实时互动的远程教学课堂形式。通过租用网络互动直播技术服务的方式，实现面向全国的高质量的网络同步和异步教学，真正构建了完全突破时空限制的全方位互动性学习模式。基于互联网背景下的“云直播教学”最大的特点就是能够突破时空的限制，学生可以进行随时随地的学习，并且与教师进行及时互动，能够很大程度提高学生学习的效率。

（一）“云直播教学”背景下初中英语写作教学整合的意义

“云直播教学”作为一种虚拟课堂，为学生创造了一个实时的网络互动课堂，远程音视频授课能够有效提升网络教学的效果。“云直播教学”由课件制作工具、课件点播系统、学习管理系统和学习网关等构成，对于教师而言制作课件会更加高效和便捷，而且能够轻松实现超万人的实时在线教学，可以进行学习互动和交流。丰富的教学资源跨区域实现实时分享能够极大地拓展学生的知识宽度、深度和广度，对于英语写作的学习来说学生能够积累更多的素材，学习更多的技巧。通过学生与学生之间、学生与教师之间的交流互动，学生能够及时发现自身存在的问题，弥补自身的不足。

（二）“云直播教学”背景下初中英语写作教学整合实践策略

初中英语写作教学是英语教学中的一个难点，同时也是学生学习的难点，不同层次的学生其学习水平也有一定的差距。而“云直播教学”背景下初中英语写作教学能够满足不同层次学生的需求，全面提高学生的学习成绩。利用好“云直播教学”，提升学生的英语写作水平可以从以下几个方面入手。

1. 教师控制好课堂节奏。

在“云直播教学”背景下进行初中英语写作教学，与传统的英语写作课堂教学最明显的区别是学生和教师之间的“距离”变远了，教师不再是整个课堂的监督者和管理者。在这种情形下，单纯靠学生的自控力来保证课堂的秩序和课堂教学的有效性是很困难的。因此，教师要把握好“云直播教学”的节奏。在课堂中，教师担当导员的角色，一方面引导学生积极参与到教学活动中来，另一方面控制学生的课堂活动在一定范围之内，把握英语写作教学课堂的整体氛围。例如，理论教学和课堂活动要充分结合起来，课堂活动中激发学生思维的活跃度，在理论方法教学中让学生注意力能够高度集中。

2. 明确教学目标，进行有针对性的教学。

明确学习目标，让学生带着目标进行有针对性的学习。在“云直播教学”背景下的英语写作教学中，明确教学目标无论是对于学生来说还是对于教师来说都有重要的意义。一方面，明确的学习目标能够让学生始终将注意力集中在学习目标上；另一方面，学习目标对学生具有指引作用，能够帮助学生迅速地将所学内容与学习目标结合起来，提高学习效率。例如，在课程开始之前教师可以将本节课程的学习目标明确展示出来，如“英语写作中如何谋篇布局？”，并让学生就这个问题自行讨论交流，教师收集学生的答案，并对这些答案进行点评和分析，引导学生表达自己的看法，充分提高学生的积极性和参与度，让学生的思维能够高度集中在学习目标上。

3. 实行分层教学的教学策略。

“云直播教学”背景下初中英语写作教学给分层教学和合作教学提供了极大的可行性，可以基于学生的个体差异实现因材施教。首先，根据全班学生的学习情况进行分层，在教学目标、教学方法和课程测试上按照层次的不同做出不同的要求，使得每一个层次的学生都能在学习中获得进步，帮助学生建立自信。例如，对于基础相对较差的学生，在进行英语写作教学过程中可以重点进行词汇的教学，促进学生对于写作中常用词汇的掌握；针对高层次的学生进行高级语法和文章布局的教学。按照不同的层级分配不同的学习任务，制订不同的学习计划，全面提高学生的英语写作能力。

总而言之，“云直播教学”作为一种新兴的、高效的网络教学手段，在初中英语写作教学中能够发挥重要的作用。教师要不断总结教学经验，在“云直播教学”背景下进行英语写作教学的过程中注意把握课堂节奏，明确教学目标，根据不同层次学生的学习水平进行分层教学，全面提高教学的有效性，提升学生的综合素养。

第五章

智能化时代的英语教学实践

第一节 认识空中英语教室

一、空中英语教室的概念与特点

空中英语教室是一种利用卫星通信技术进行远程英语教学的教育模式。学生可以通过电视或互联网等媒介接入，与教师进行实时互动，学习英语课程。这种教学模式为学生提供了灵活的学习时间和地点，适应了学生的不同学习需求和习惯。空中英语教室提供不同层次和不同年龄段的英语学习内容，包括初、中、高级的英语学习课程。这些课程涵盖了语法、词汇、阅读、听力、口语等多个方面，旨在全面提高学生的英语水平和应用能力。

（一）利用卫星通信技术

空中英语教室利用卫星通信技术来实现远程教学。教师通过卫星信号将教学内容传输给学生，学生则通过卫星信号接收教师授课的内容。这种方式可以实现实时互动，提升教学效率和效果。

（二）提供不同层次和不同年龄段的英语学习内容

空中英语教室提供不同层次和不同年龄段的英语学习内容，以满足不同学生的需求。这些课程可以根据学生的英语水平和年龄段进行分类，如初级、中级和高级英语课程，以及针对小学生、中学生和大学生的课程。

（三）运用实时互动的教学方式

在空中英语教室中，教师可以通过实时互动的方式开展授课、答疑和指导等教学活动。学生可以通过电视或电脑等设备接收教师授课的内容，同时可以通过聊天室、邮件等方式与教师和其他学生进行交流和互动。这种教学方式可以帮助学生更好地掌握英语语言技能，提高口语表达和听力理解能力。

（四）实现个性化教学

在空中英语教室中，教师可以根据学生的实际情况和需求，灵活地调整教学内容和方法，实现个性化教学。例如，针对不同学生的发音、语法和词汇等方面进行有针对性的指导，帮助学生克服学习难点，提升学习效果。

（五）提供灵活的学习方式和丰富的学习内容

空中英语教室为学生提供了灵活的学习方式和丰富的学习内容。学生可以自主安排学习时间和地点，更加便捷地获取学习资源。同时，教师也可以根据学生的实际情况和需求，灵活地调整教学内容和方法，实现个性化教学。

总之，空中英语教室是一种利用现代科技进行远程教学的教育模式，为学生提供了灵活的学习方式和丰富的学习内容，有助于提高学生的英语水平和应用能力。

二、空中英语教室的发展

（一）发展历程

空中英语教室的起源可以追溯到 20 世纪 70 年代的美国。当时，随着卫星通信技术的发展，一些教育机构开始尝试利用卫星信号来实现远程教学。其中，一个名为“教育频道”（Educational Television Channel）的机构开始向学校提供电视课程，随后逐渐发展成为利用卫星进行远程教育的机构。

1972 年，美国政府启动了“教育卫星网络计划”（SATCOM），利用通信卫星建立了一个覆盖全国的远程教育网络，为中小学提供远程教育服务。在这个网络中，空中英语教室开始逐渐普及，成为一种重要的远程教育模式。

随后，许多国家和地区也开始尝试利用卫星通信技术进行远程英语教学。例如，英国的“全球广播”（BBC World Service）开始向海外用户提供英语课程，而日本的“卫星教育电视网”（SETN）也开始提供类似的远程英语课程。

随着互联网技术的发展，空中英语教室逐渐转移到互联网平台上。一些机构开始提供基于互联网的英语课程，使得更多的学生可以方便地接入课程。同时，一些在线教育平台也开始涌现，提供更为丰富和多样化的英语课程。

现在，空中英语教室已经成为全球范围内广泛采用的一种远程教育模式。它为学生提供了灵活的学习方式和丰富的学习内容，同时也为教师提供了更为广阔的教学平台和更多的教学方法。随着技术的不断进步和教育模式的不断创新，空中英语教室的发展前景仍然非常广阔。

（二）发展前景

随着科技的不断进步和教育模式的不断创新，空中英语教室的发展前景非常广阔。

1. 支持更多设备接入。

随着移动设备和互联网技术的不断发展，空中英语教室将能够支持更多的设备接入，使得学生能够更加便捷地学习。例如，学生可以通过手机、平板电脑或笔记本电脑等设备接入空中英语教室，实现随时随地的学习。同时，更多的教育机构也将开始提供移动应用程序，方便学生随时随地进行学习。

2. 提供更加个性化和定制化的课程。

未来空中英语教室将会更加注重学生的个性化需求，提供更加个性化和定制化的课程。例如，根据学生的英语水平和需求，教育机构可以为学生提供定制化的学习计划和课程，以满足他们的个性化需求。同时，教师也可以根据学生的实际情况和需求，灵活地调整教学内容和方法，实现个性化教学。

3. 提供更加丰富的学习内容。

未来空中英语教室将会提供更加丰富和多样化的学习内容，包括更多的文化背景、语言技能和实践应用等方面。例如，教育机构可以为学生提供关于英国、美国、澳大利亚等以英语为母语的不同国家的文化背景课程，帮助学生了解这些国家的文化差异和语言特色。同时，还可以提供更多的实践应用课程，如商务英语、旅游英语等，帮助学生将所学知识应用到实际场景中。

4. 结合新技术。

未来空中英语教室将会结合新技术，如人工智能、虚拟现实等，提供更加生动、形象和互动性强的学习体验。例如，利用虚拟现实技术，教育机构可以为学生提供虚拟的英语交流场景，帮助学生更好地融入英语语言环境，提高口语表达和听力理解能力。同时，人工智能技术也可以为学生提供智能化的学习辅导和建议，帮助他们更好地掌握英语语言技能。

5. 全球化发展。

随着全球化的不断推进，未来空中英语教室将会更加注重全球化发展，提供更多面向全球的课程，帮助学生掌握全球沟通和交流的能力。例如，教育机构可以与全球范围内的学校和教育机构合作，共同开发针对不同国家和地区的英语课程，帮助学生了解不同国家和地区的英语语言和文化特点，提高他们的全球沟通和交流能力。

总之，未来空中英语教室的发展前景非常广阔。通过更多设备接入、提供更加个性化和定制化的课程、提供更加丰富的学习内容、结合新技术和全球化发展等，空中英语教室将会有更广泛的应用和更深远的影响，为全球范围内的学生提供更加优质和高效的学习和教育服务。

附：基于“空中英语教室”教学案例

案例一：Warm Up with Hot Pot

Warm Up with Hot Pot

The temperature is dropping, and the winter sun is setting earlier than before. For a lot of people in Asia, it’s time for hot pot! This way of cooking food dates back to over 1,000 years ago in China. The idea originally came from Mongolia.

Hot pot is made by boiling a pot of broth on a hot plate or gas burner. Then, you add different ingredients into the pot: meat, seafood, vegetables, tofu, etc. As each item cooks, you can take it out and dip it into your choice of sauce.

Many different kinds of broth can be used for hot pot. You can choose a plain broth or one with a lot of flavor. One kind of spicy hot pot is called mala（麻辣）, and it is very popular.

The participation of each individual adding and taking out ingredients adds to the flavor of the broth. So, eating hot pot encourages diners to talk, share and serve each other. But you can enjoy a personal hot pot by yourself.

In Japan, they have a kind of hot pot called shabu–shabu. Shabu–shabu is Japanese for "swish, swish" . This is what they call the sound the thin meat makes when it is cooked by swishing it in the pot. This dish is especially good with top–quality Wagyu beef!

In Thailand, people eat jim jum, which is a Thai style of eating hot pot. Jim means to dip in while, jum means to drop something briefly into liquid. The meat is cooked in a very small clay pot. This kind of hot pot really shows off Thailand's delicious cooking!

Cooking hot pot is easy, and you can put many different things into it. You can use high–quality beef that melts in your mouth as they do in Japan. Or add cheese and sausage to the pot as they do in Korea's budae jjigae. Make hot pot in a metal pot in Taiwan. Or use a clay one as they do in Thailand!

It's the perfect way to enjoy a hot meal.

Should I Eat This?

Few things have caused as much controversy as genetically modified foods. These are plants or animals whose DNA has been changed in order to bring some benefit to either the producer or the consumer. A 2018 Pew Research Center poll found that 49 percent of Americans think foods containing GM ingredients are worse for one's health than natural foods. Slightly fewer people, 44 percent, are neutral on the question.

They believe foods with GM ingredients are neither better nor worse for one's health. Only five percent say GM foods are better for one's health. The Pew poll thus reveals a nearly 50–50 split among Americans as to whether GM foods are harmful or not.

Whatever they may believe about GM foods, it is almost impossible for Americans to avoid them. About 90 percent of all corn, canola and soy grown in the U.S. is genetically modified. One or more of these ingredients go into nearly all of the food products processed in the U.S.. Even some food staples such as potatoes and sugar beets come from GM crops.

In America, all GM foods must be approved by the Food and Drug Administration (FDA) , which requires careful evaluation. GM foods can result in an improvement of a food's appearance or taste, as well as increased crop size and pest resistance. Some GM foods mature faster and are slower to rot. So, why do half of Americans believe foods containing GM ingredients are worse for you? One reason is the increased interest in natural and organic foods. Another is that the long-term effects of eating GM foods, which were only introduced about 20 years ago, are unknown.

The scientific consensus, based on many studies, is that GM foods are not dangerous to human health. The American Dietetic Association holds the view that GM foods can even be healthier for you: "Food biotechnology techniques can enhance the quality, safety, nutritional value and variety of food." The World Health Organization (WHO) states that "GM foods currently available on the international market have passed safety assessments and are not likely to present risks for human health."

Food safety organizations want to send the message that GM foods are safe, but until long-term studies are possible, many people will remain skeptical.

Din Tai Fung

Long's Covent Garden has a new star, and people are willing to wait for hours just to say they've experienced it. It's not a new play or a new exhibit. Instead, all eyes are on Taiwan's famous steamed pork dumpling restaurant, Din Tai Fung, which opened in London last December.

Excitement on a similar scale took place when Din Tai Fung opened a restanrant in the San Francisco area in 2016. Over 1,000 people showed up the first day, resulting in wait times of three to five hours!

Perhaps no one would have been more surprised by the restaurant's international success than the company's founder, Bingyi Yang. In 1958, Mr. Yang opened a small shop that sold cooking oil. He later introduced steamed pork dumplings to make a little extra money. It soon became evident that his dumplings were his bestselling item. So in 1972, Yang converted the shop into a restaurant and began selling dumplings full-time. The family-run restaurant's popularity grew in Taipei, but no one could have predicted what the future held for Din Tai Fung.

According to Warren Yang, current owner and son of the founder, expansion was never the family's main goal. Rather, their focus has always been on the quality of their food. That priority has clearly paid off. Today, their restaurants can be found in over 160 international locations and are considered among the best in the world.

Yang believes the company's commitment to providing good service also gives it an edge. Many customers cite consistency as the reason for Din Tai Fung's success. The delicious food and its quality are always the same, no matter where the restaurant is located.

The secret is in the process. Dumpling technicians can train for more than a year before they're allowed to make xiaolongbao for customers. The dumplings themselves pass through six different chefs and their teams on their way to the table. After 40 minutes of hand preparation, the finished product is a dumpling with 18 perfect folds! This attention to detail and quality earned the Hong Kong branches a coveted Michelin star.

Though Bingyi Yang never imagined this level of success, his once small family restaurant has become a global dumpling empire.

Warm Up with Hot Pot

Fill in the chart with the information you get.

★ History:	★ What it is made of:
1. Dates back to ________ years in ____________.	1. A pot of ___________

<table>
<tr><td>2. The idea originally came from ______________.</td><td>2. Ingredients:______________________
______________________________</td></tr>
<tr><td colspan="2">★ Different kinds of Hot Pot:</td></tr>
<tr><td colspan="2">1. Spicy hot pot—____________________</td></tr>
<tr><td colspan="2">2. Japan —____________________________</td></tr>
<tr><td colspan="2">3. _______________—Jim Jum</td></tr>
<tr><td colspan="2">4. _______________—Budae Jjigae</td></tr>
</table>

Should I Eat This?

True or false?

(　　) 1. The DNA of the genetically modified foods has been changed.

(　　) 2. A survey has found that more people think GM foods are worse for one's health.

(　　) 3. GM foods are unavoidable because all ingredients in the food products are genetically modified.

(　　) 4. In the USA, all GM foods must be approved by the FDA before they go to the market.

(　　) 5. WHO tries to convince people of the safety of the GM foods, but many people remain skeptical.

Din Tai Fung

Answer the following questions:

1. What is Din Tai Fung?

____

2. When and where was Din Tai Fung founded? By whom?

____

3. How do we know Din Tai Fung is a big success? List your reasons.

1) ____

2) ____

3) ____

4. What is the secret to Din Tai Fung's success?

1) ______________________________

2) ______________________________

3) ______________________________

教学反思：

这次英语教学活动中，我讲述了三个与食品相关的主题：火锅、转基因食品和鼎泰丰餐厅。每个主题都引起了学生的兴趣，但在教学方式和内容的呈现上还有一些需要改进的地方。

在讲述火锅的部分，我提供了详细的历史背景和各种不同的火锅类型，学生表现出了很大的兴趣。然而，这部分可能过于偏重于文化背景，未能足够关注火锅的科学原理和食品安全方面。下次讲述时，我会加入更多关于火锅烹饪过程中的科学原理，以及如何选择和烹饪食材以保证食品安全的内容。

在讲述转基因食品的部分，我注意到这是一个非常有争议的话题。我尽量提供了客观的事实和双方的观点，但可能还需要更深入地讨论这个话题，让学生理解转基因食品的科学原理和社会影响。我还注意到，我自己的观点表现得过于明显，应该让学生自己去思考和理解这个复杂的问题。

最后一部分关于鼎泰丰餐厅的内容，学生表现出了很高的兴趣。我在讲述这一部分时，可能过于侧重于餐厅的历史和成功，而忽略了其与食品安全和质量的联系。下次我会更多地从食品安全和质量的角度讲述这部分内容，使之与前两部分更协调一致。

总的来说，这次教学活动让我意识到，讲述食品相关的主题时，不仅需要考虑到学生的兴趣和文化背景，还需要关注食品科学和安全的基本原理。这样，学生不仅能了解到各种食品的文化和历史背景，还能掌握选择安全、健康食品的科学依据。

案例二：Communication: Emoji–A modern language

Name	Class	Lesson Focus	Date
邬碧茹	2	Communication: Emoji–A modern language	2021.06.25

Objectives

Knowledge objectives

1. Enable students to practise their skills in listening for gist and specific information after watching the video.
2. Enable students to practise how to give a brief introduction of something.
3. Enable students to expand some vocabulary and sentence patterns about giving a brief introduction.

Ability objectives

1. Improve students' cooperative ability during the discussion on their attitude to using emoji in digital communication.
2. Enhance students' communicative competence and the ability of presenting ideas by giving presentations.

Emotional objectives

1. Guide students to think about the necessity, advantages and disadvantages of using emoji in digital communication.
2. Inspire students to create their own emoji and share them with the class.
3. Guide the students to be supportive and grateful. (As two students in the class will transfer to another school next term, have the students give their best wishes with a sentence with emoji.)

Time	Stage and Stage Aim	Procedure	Interaction
4 min.	Lead-in 1. Arouse students' interest. 2. Activate students' schemata.	1. Ask questions related to emoji. 1) Do you often chat with your friends on WeChat or QQ? 2) Do you use emoji when chatting on line? 2. Show some screenshots of conversations with emoji from WeChat, QQ and the Internet.	Open Class

12 min.

Watch & Answer Part I

1. Have students watch a video clip (2 min.) of emoji in studio classroom for the main idea and some basic information.
2. Have students watch the video again and take notes of specific information.

Students watch the video clip and answer the following questions:

续表

1st watching 1) What is this video about? 2) Which country is the inventor of emoji from? 3) When was emoji first invented? 2nd watching What does emoji mean in Japanese? When do people encounter emoji regularly? Individuals			
6 min.	Watch & Answer Part II Have students watch the second part of the video (2 min.) of emoji and answer questions.	Students watch the second part of the video and answer the following questions: Why is emoji a modern language? What was Rebecca's attitude to emoji at first? And what about now?	Individuals
5 min.	Summary Recall and summarize what emoji is and note the useful expressions of giving a brief introduction of something.	Useful sentences: 1.Emoji is a modern language. It is ... 2.It was first invented by ... in .... 3.It is often used when ... 4. Some people like to use it because...while others don't because …	Open Class
10 min.	Extension Consolidate students' understanding and application of sentence structures of a brief introduction of something. Have students think about the necessity, advantages and disadvantages of using emoji in digital communication. Enhance students' communicative competence.	Students have a discussion in groups about the following matters. What is emoji? (Give a brief introduction of emoji.) Is it necessary to use emoji in communication? The advantages and disadvantages of using emoji. Students share their opinions based on the discussion.	Groups
3 min.	Homework Consolidate students' understanding of today's lesson. Enhance students' ability for use.	1. Writing: Watch the video of Emoji-A modern language 2-1A on Studio Classroom and write a brief introduction of emoji, using the vocabulary and sentence patterns learnt in class. (50-80 words)	1. Individuals

续表

3 min.	Promote students' ability of presenting ideas. Encourage students to create their own emoji and share it with the class.	2. Presentation: Watch Emoji–A modern language 2–1B, 2–2A, 2–2B on Studio Classroom and give a 2–3 minutes presentation in a pair. *Make your own studio classroom program about emoji. Talk about your preference of emoji. Is it necessary to use emoji in communication? Give reasons. Create your own emoji, draw it and present it. As Teddy and Cynthia will transfer to another school next term, give your best wishes with a sentence with emoji.	2. Pairs

Name	Class	Lesson Focus	Date
鄢维维	10	Healthy Food and Drink	2020.04.20

Objectives

Knowledge objectives

1. Students will practise how to talk about the best and worst of some living habits.
2. Students will practise how to talk about and act out healthy or unhealthy life styles.
3. Students will practise their skills in listening for gist and specific information in the conversation.
4. Students will expand some vocabulary and related sentence patterns.

Ability objectives

1. Students will improve their cooperative ability during the discussion on the best and worst of some living habits.
2. Students will enhance their communicative competence.

Emotional objectives

1. Students will be more interested in how to keep healthy.
2. Students will realize that it is important to have a healthy lifestyle.

续表

<table>
<tr><th>Time</th><th>Stage and Stage Aim</th><th>Procedure</th><th>Interaction</th></tr>
<tr><td>4 min.</td><td>Lead–in
1.To arouse students' interest.
2.To activate students' schemata.</td><td>1.Show students a proverb and have students talk about their breakfast.
2. Have students discuss what a good breakfast is like.
Leading questions:
1) What does a good morning start with?
2) What did you eat for breakfast this morning?
3) What is a good breakfast like?</td><td>Open Class
Individuals</td></tr>
<tr><td>6 min.</td><td>Listen and Fill (from Textbook)
1. To have students take notes in listening for specific information.
2. To ask students to fill in the blanks.</td><td>1. Students listen to the short passage and fill in the blanks:
<table>
<tr><td></td><td>Breakfast</td></tr>
<tr><td>I usally start with</td><td>a glass of ________</td></tr>
<tr><td>Then I have</td><td>one or two pieces of ____
a cup of ________</td></tr>
<tr><td>After that I have</td><td>one or two ________
some ________</td></tr>
<tr><td>I always have</td><td>a cup of ________</td></tr>
<tr><td>Sometimes I have</td><td>________</td></tr>
<tr><td>I usually finish</td><td>a cup of ________</td></tr>
<tr><td>I often have</td><td>________</td></tr>
<tr><td>Lunch</td><td>________</td></tr>
<tr><td>Dinner</td><td>________</td></tr>
</table>
2. Feedback
Orange juice, toast with jelly, hot chocolate, eggs, bacon and sausage, tea with milk and sugar, cornflakes with a banana on top, black coffee, pancakes with butter and syrup, X, X</td><td>Open Class
Individuals</td></tr>
<tr><td>5 min.</td><td>Discussion
1. To promote students' coopera–tive and communicative ability.
2. To enrich students' knowledge of food cultural differences.</td><td>1. Show some pictures of Chinese and Western breakfast.
2. Have students make a discussion:
Which one would you like better, Chinese breakfast or western breakfast? Why?</td><td>Groups
Individuals</td></tr>
</table>

续表

<table>
<tr>
<td>10 min.</td>
<td>Listening (from Studio Class-room–Advanced)
To expand students' knowledge of western eating culture.
To practise students' listening skills.</td>
<td>1. Leading questions:
1) According to the above pictures and your discussion, what drinks would you like?
2) Why do you like coffee? When would you like to drink it?
2. Students listen to the conversations and fill in the blanks.
<table>
<tr><td colspan="2">The Best and Worst Coffee Has to Offer</td></tr>
<tr><td rowspan="3">Scientific reasons coffee makes you happier and more productive</td><td>1. Increases energy levels</td></tr>
<tr><td>2. Unorives braub function</td></tr>
<tr><td>3. Makes you less depressed</td></tr>
<tr><td rowspan="2">Our study provides strong and convincing evidence of the inks between coffee-brewing methods. Heart attacks and longevilty</td><td>The realization: Drinking coffee was linked to "bad" LDL cholesterol</td></tr>
<tr><td>The research: The study also found that unfiltered coffee was worse than filtered brew for death</td></tr>
<tr><td colspan="2">Conclusion: Drink coffee the right way and it could lead to good results!</td></tr>
</table>
</td>
<td>Individuals
Open Class</td>
</tr>
<tr>
<td>7 min.</td>
<td>Discussion
1. To promote students' coopera-tive and communicative ability.
2. To enrich students' knowledge of how to keep a balanced diet and a healthy lifestyle.</td>
<td>1. Have students make a list of their diet and share it with group members.
2. Have students make a discussion:
1) What food or drink in your diet is healthy or unhealthy?
2) How would you keep a healthy diet? Talk about your eating habits.</td>
<td>Groups
Individuals</td>
</tr>
<tr>
<td>7 min.</td>
<td>Consolidation & Extension
To enhance students' commun-icative competence .
To enrich students' knowledge of food cultural differences.
To consolidate students' under-standing of a healthy diet and encourage students to keep a healthy lifestyle.</td>
<td>Make a dialogue and act it out.
Suppose you were a host or hostess of Career Corner, and your students were nutritionists or doctors.
Have an interview with them about what a healthy diet is and how to keep fit.
(Encourage students to use their imagina-tion and add more knowledge related to healthy eating habits)</td>
<td>Groups
Open Class</td>
</tr>
<tr>
<td>1 min.</td>
<td>Homework
To consolidate students' unders-tanding of today' s lesson.
To enhance students' ability for use.
To promote students' commun-icative ability.
To enrich students' knowledge of how to keep a balanced diet and a healthy lifestyle.</td>
<td>1. Imitate and recite passage on page 36.
2. Writing:
Your friend, Ruben, asks for your help because he is very fat and wants to lose weight but he has unhealthy eating habits. Write an email to tell him how to lose weight by having a healthy diet.</td>
<td>Individuals</td>
</tr>
</table>

教学反思：

1. 教学目标达成情况。

本次教学成功地引导学生了解了表情符号作为一种现代语言的含义和重要性。通过多样化的教学活动，学生不仅练习了倾听和捕捉信息的能力，也提高了口语表达和交际能力。此外，学生也在思考和讨论中，对数字通信中表情符号的必要性、优点和缺点有了更深入的理解。

2. 教学方法与手段。

通过智能化的教学工具，我能够实时了解学生的学习情况和反馈，从而调整教学策略。视频剪辑、在线讨论和小组合作等多元化的教学方法有效地激发了学生的学习兴趣，提高了其参与度。同时，我也鼓励学生创建自己的表情符号，并与全班同学分享，这一环节极大地提高了他们的创新能力和想象力。

总体来说，智能化教学大大提升了教学效果和教学质量。实时监控学生的学习进度和理解程度，使我能够及时发现问题并解决问题。此外，通过智能化的评估系统，我也能够更公正、客观地评价学生的学习成果。

尽管智能化教学带来了许多便利，但也存在一些需要改进的地方。例如，一些学生在使用智能化教学工具时，还需要更多的指导和帮助。在下一次的教学中，我将更加注重学生的个体差异，提供个性化的辅导和支持。同时，我也将继续探索更多元化、更具创新性的教学方法，以激发学生的学习兴趣和潜力。

第二节　空中英语教室理论基础

空中英语教室理论涉及建构主义学习理论、“交际能力”教学理论、内隐学习理论、任务教学法等多种有歧义理论。

一、建构主义学习理论

建构主义理论是一种关于学习的理论，强调学生是学习的中心，知识是学生在一定的社会文化背景下，借助他人（包括教师和学习伙伴）的帮助，利用必要的学习资料，通过意义建构的方式获得的。这种理论认为，学习是一个积极主动的过程，学习者是信息加工的主体，他们根据自己的经验背景和先前的知识积累，对新信息进行主动的认知和建构。

（一）理论特点

具体来说，建构主义学习理论认为学习具有以下特点：

1. 主动性。学习者应该主动地探索和发现新的知识，而不是被动地接收信息。他们应该积极地参与到学习过程中，发挥自己的主观能动性，主动去建构自己的知识体系。

2. 社会性。学习不是个体孤立的行为，而是社会性的交流和合作过程。学习者应该与教师和同学进行交流和合作，利用社会文化背景和资源，共同建构知识体系。

3. 情境性。学习应该与实际情境相结合，学习者应该通过真实的情境体验，理解知识的意义和作用，从而更好地掌握和应用知识。

（二）理论应用

在建构主义学习理论的指导下，英语学习的方式也应该相应地改变。

首先，学习者应该处于中心地位，应该主动去探索和发现新的知识，积极参与到学习过程中。例如，在英语学习中，学习者可以通过阅读、听力、口语、写作等多种方式主动获取和加工语言信息，形成自己的语言认知和语言能力。

其次，教师应该是学习者的引导者和辅助者，为学习者提供适当的学习资源和环境，帮助他们形成自己的意义建构。例如，教师可以通过设计丰富多样的学习活动，提供真实情境的语料和语境，引导学习者进行语言实践和运用，帮助他们掌握语言规则和用法。

最后，英语学习应该注重实践和应用，学习者应该通过真实的语言交流活动，提高自己的语言运用能力和交际能力。例如，学习者可以通过角色扮演、小组讨论、模拟对话等语言实践方式，锻炼自己的口语、听力和交际能力，从而更好地掌握和应用英语语言。

总之，建构主义学习理论为我们提供了新的视角和思路来理解和解决英语学习中的问题。在英语学习中，我们应该注重学习的主动性、社会性和情境性，借助建构主义理论的指导，不断提高自己的语言运用能力和交际能力。

二、“交际能力”教学理论

“交际能力”英语教学理论强调语言学习中语言交际功能的重要性，认为语言学习的最终目的是进行有效的交际，包括口头和书面两种形式。该理论认为，交际能力不仅包括对语言形式的理解和掌握，还包括在适当的语境中正确使用语言的能力。

（一）理论观点

1. 强调语言交际功能。

语言是一种交际工具，英语学习的主要目的是进行有效的英语交际。因此，英语教学不应只关注语言的形式和语法结构，而应更加注重语言的交际功能。学生不仅需要掌握语言形式和语法规则，还需要培养口语、听力和书面表达能力，能够正确地使用语言进行交际。

2. 注重语境教学。

语境对于语言的理解和运用至关重要。英语教学应注重语境教学，通过创设真实的语境，让学生在语境中理解和运用语言。教师可以通过情景模拟、角色扮演、对话交流等方式，让学生体验真实的语境，提高他们在不同语境中的交际能力。

例如，在教授“问候”这一语言点时，教师可以创设不同的语境，如在学校里、在超市里、在医院里等，让学生根据不同的语境使用适当的语言表达方式进行问候。这样能够让学生更好地理解语言点，并在真实的语境中运用语言。

3. 强调语言运用。

语言是一种用于交流的工具，语言的运用是语言学习的最终目的。因此，英语教学应强调语言的运用，让学生在真实的情境中学习语言。教师可以通过设计丰富多样的学习活动，提供真实情境的语料和语境，引导学习者进行语言实践和运用，帮助他们掌握语言规则和用法。

例如，在教授“点菜”这一语言点时，教师可以提供真实的餐厅情境，让学生模拟点餐，在实际运用中掌握相关语言的运用规则和方法。这样能够让学生更好地掌握语言点，并能够在实际生活中运用语言。

4. 注重文化教学。

语言是文化的一部分，文化教学对于语言学习也非常重要。英语教学应注重文化教学，让学生了解和掌握以英语为母语的国家的文化，包括历史、传统、价值观等。这样能够让学生更好地理解语言的背景和内涵，提高他们的跨文化交际能力。

例如，在教授“感谢”这一语言点时，教师可以引入以英语为母语的国家的文化背景，让学生了解以英语为母语的国家的人通常会用“You're welcome”来回应别人的感谢。这样能够让学生更好地理解这一语言点，并在跨文化交际中正确使用语言。

（二）理论应用

1. 创设真实的语境。

在英语教学中，创设真实的语境可以帮助学生更好地理解和运用语言。教师可以利用多媒体技术，通过角色扮演、模拟对话等方式，让学生在实际语境中学习和运用语言。

例如，在教授“购物”这一语言点时，教师可以创设一个真实的商场语境，让学生扮演顾客和售货员进行对话。这样能够让学生在实际的语境中学习和运用与购物相关的语言，更好地掌握这一语言点。

2. 加强口语和书面表达训练。

口语和书面表达是英语交际能力的重要组成部分。教师可以组织口语和书面表达比赛，让学生有更多的机会进行口语和书面表达训练，提高他们的语言运用能力和交际能力。

例如，教师可以组织英语演讲比赛，让学生准备演讲稿并进行演讲。这样能够让学生在准备和演讲的过程中，提高口语表达能力和自信心，同时也能够提高他们的写作能力和语言组织能力。

3. 利用多种教学资源。

教师可以利用多种教学资源，如网络、图片、音频、视频等，让学生更加全面地了解语言和文化，提高他们的语言交际能力。

例如，在教授“食物”这一语言点时，教师可以利用网络和图片展示各种食物的英文名称和相关文化背景，同时可以播放相关的视频，如美食节目、烹饪教程等，让学生更加全面地了解与食物相关的语言和文化。这样能够提高学生的学习兴趣和语言掌握能力，同时也能够扩大他们的知识面和视野。

三、内隐学习理论

内隐学习是美国心理学家罗伯在20世纪60年代首次提出的，指的是在不知不觉中获得某种知识，学习某种规则。而这种学习的效果可以通过某种测试表现出来，但是意识层面却无法感知这种规则，不能外显地把这种规则说出来。内隐学习具有自动性、抽象性、抗干扰性等特征。它是一种无意识的学习方式，人们并不能主观地意识到这种学习的存在，也无法用语言来描述和总结所学的知识，但这种学习在无意识中提高了人们的语言感知和语言使用能力。

内隐学习的理论假设认为，在人们处理外界复杂信息的过程中，不可能事事都经过有意识的分析和推理，更多的时候是在没有意识到问题的性质和目的的情况下，不自觉地获得新的知识和技能。因此，内隐学习对于复杂任务的学习和掌握具有不可替代的作用。

内隐学习的研究方法主要包括实验法和观察法。实验法是通过对假设的实验进行验证来证明内隐学习的存在和特点，如人工语法实验、序列规则实验等。观察法则是通过观察被试在实验中的表现和反应，来揭示内隐学习的规律和特点。

内隐学习在语言学习、认知发展、技能训练等方面都有着广泛的应用。例如，在语言学习中，通过内隐学习所掌握的程序性知识是无法有意识地去保留和提取的，它仅仅存储于人们的潜意识中，只有处于适当情境中，它才可以自动激活，进而发挥作用。同时，内隐学习还可以提高个体的判断和决策能力，对于解决复杂问题、应对紧急情况等都具有重要作用。

总之，内隐学习是一种无意识的学习方式，具有自动性、抽象性等特征，对于复杂任务的学习和掌握具有不可替代的作用。它在语言学习、认知发展、技能训练等方面都有着广泛的应用，对于提高个体的判断和决策能力、解决复杂问题等都具有重要作用。

（一）理论特点

1. 基础性和强力性。内隐学习是无意识的，学习过程是在不知不觉中进行的，结果是在不知不觉中取得的，因此它对于幼儿、青少年等语言学习者特别适用。此外，内隐学习的效果具有基础性和强力性，能够发挥幼儿德育的主体性，相对于外显学习用规范宣讲取代心性修养的纯外铄过程，更具有优越性。

2. 在潜意识中进行和抽象性。内隐学习是在潜意识中进行的，具有自动性和抽象性，能够帮助学习者生成语言智慧，提高语言运用能力。

3. 无须付出心理能源和无容量限制。内隐学习是不需要意志努力的，没有心理能量的消耗，因此能够避免疲劳和厌倦，提高学习效率。

4. 广泛适应性。内隐学习所获得的知识主要是程序性知识，具有广泛的适应性，能够适应各种语言应用场景。

（二）理论应用

1. 提供丰富多样的语言输入。

教师可以通过多种渠道和形式，如课堂讲解、多媒体资料、游戏活动等，提供丰富多样的语言输入，让学生自然地吸收语言知识。

例如，在教授英语语法规则时，教师可以利用多媒体技术，以动态图像或视频的形式展示语法规则的应用，让学生通过视觉和听觉的双重刺激来加深对语法规则的理解和记忆。此外，教师还可以设计英语游戏，让学生在轻松愉快的氛围中无意识地学习英语，如英语单词接龙、英语谜语等。

2. 创设自然真实的语言环境。

教师可以通过创设自然真实的语言环境，让学生身临其境地感受和学习英语，从而激发他们的学习兴趣和参与热情。

3. 引导学生进行无意识的英语学习。

教师可以设计一些无意识的学习活动，如英语歌曲、英语电影等，让学生在轻松愉悦的氛围中无意识地学习英语。

例如，教师可以选择一些旋律优美、歌词简单的英语歌曲，让学生在欣赏音乐的过程中，无意识地学习英语语音、词汇和语法等。此外，教师还可以选择一些适合学生观看的英语电影或动画片，让学生在观看的过程中无意识地学习英语表达和语言文化。

4. 注重内隐学习和外显学习的结合。

虽然内隐学习具有很大的优越性，但外显学习也有其重要作用。教师应该注重内隐学习和外显学习的结合，通过明确的规则讲解和实践练习，进一步提升学生的学习效果。

例如，在教授英语语法规则时，教师可以先通过内隐学习的方式，让学生自然地感受和掌握语法规则，然后再通过外显学习的方式，进行明确的规则讲解和实践练习，进一步巩固和深化学生对语法规则的理解和掌握。

总之，内隐学习理论为英语教学提供了一种新的视角和方法，有助于提升学习者的学习效果和语言应用能力。教师可以通过提供丰富多样的语言输入、创设自然真实的语言环境、引导学生进行无意识的英语学习等方式，更好地应用内隐学习理论，提升英语教学效果。

四、任务教学理论

任务教学理论是 20 世纪 80 年代外语教学研究者经过大量的研究和实践

提出的一个具有重大影响的语言教学模式。它把语言应用的基本理念转化为具有实践意义的课堂教学方式，即任务型语言教学。任务型语言教学是“以应用为动力，以应用为目的，以应用为核心”的教学途径，也就是“为用而学，在用中学，学以致用”。任务型语言教学把学习者个人的经历作为课堂学习的重要因素，强调学生在完成实际任务的过程中进行学习。在任务型语言教学中，教师会设计出各种课内、课外任务，让学生通过完成这些任务来学习语言知识，提高语言技能。这些任务是依据课程目标要求和教学内容完成的，旨在让学生掌握相关的语言技能和知识。同时，完成任务的过程也会促进学生对语言的理解和运用，从而提高其语言表达能力。

（一）理论观点

1. 任务具有真实性和实用性。

任务型语言教学要求设计的任务具有真实性和实用性，与学生的现实生活和未来工作密切相关。这意味着任务应该是学生在日常生活中可能遇到的情境，如购物、旅游、求职等，或者是与未来的职业相关，如商务谈判、合同签署等。通过完成这些真实而实用的任务，学生能够更好地理解和运用语言知识，提高语言实际运用能力。

2. 任务具有明确的目标和成果。

任务型语言教学的任务应该具有明确的目标和成果，学生需要用所学的语言知识和技能来完成任务，实现预设的目标。这些目标可以是口头的、书面的，或者是肢体语言的形式，但都需要有明确的内容和标准来评估学生的表现。通过完成具有明确目标和成果的任务，学生能够更加专注于语言运用，提高语言技能。

3. 任务具有挑战性和趣味性。

任务型语言教学的任务应该具有挑战性和趣味性，能够激发学生的兴趣和积极性，使他们乐于参与并努力完成任务。这些任务可以是探索性的、创造性的，或者是竞赛性的，但都需要具有一定的挑战性，学生需要付出一定的努力才能完成。同时，任务也需要具有趣味性，能够吸引学生的注意力，提高他们的参与度。

4. 任务具有渐进性和层次性。

任务型语言教学的任务应该具有渐进性和层次性，任务难度逐渐递增，让学生在完成任务的过程中逐步提高语言能力。这些任务应该是由易到难、由简到繁、由具体到抽象的，让学生在完成任务的过程中逐渐提高语言能力。同时，也应该针对不同水平的学生布置不同层次的任务，让每个学生都能够得到有效的训练。

5. 任务具有合作性和互动性。

任务型语言教学的任务应该具有合作性和互动性，学生需要与他人合作、交流、互动，共同完成任务。这些任务可以是小组讨论、角色扮演、团队建设等，通过合作和互动的过程，学生能够更好地理解和运用语言知识，提高语言实际运用能力。同时，这种合作和互动的过程也能够培养学生的团队合作精神和沟通能力。

（二）任务型语言教学的一般步骤

1. 设计任务。教师根据课程目标、教学内容和学生实际情况设计任务，任务应该具有明确的目标、背景和要求。例如，教师可以设计一个制订“旅游计划”的任务，要求学生以小组为单位，制订一个旅游行程并介绍给全班同学。这个任务的目标是让学生学会制订旅游计划，锻炼口头介绍旅游行程的能力。

2. 呈现任务。教师向学生介绍任务，提供必要的语言支持和指导。例如，在制订“旅游计划”的任务中，教师可以提供一些与旅游相关的词汇和表达方式，帮助学生更好地理解和完成任务。

3. 完成任务。学生以个人或小组的形式完成任务，教师提供必要的指导和监督。例如，在制订“旅游计划”的任务中，学生需要合作制订旅游行程，并进行口头介绍。教师需要巡视学生的完成任务情况，并给予必要的指导和建议。

4. 展示成果。学生展示完成任务的结果，可以是口头报告、书面报告、表演等形式。例如，在制订“旅游计划”的任务中，学生可以以小组为单位进行口头展示，向全班同学介绍他们的旅游计划。

5. 评估反馈。教师对完成任务的过程和成果进行评估和反馈，指出问题并给予建议。例如，在制订“旅游计划”的任务中，教师可以针对学生的旅游计划和口头介绍进行评估和反馈，帮助学生发现自己的优点和不足，并提供改进建议。

五、二语习得理论

二语习得理论是一个关于如何学习第二语言的理论框架。该理论综合了神经语言学、语言教育学、社会学等多种学科的研究成果，探讨人们在第二语言学习过程中的规律和机制。

（一）理论观点

1. 语言输入是第二语言学习的重要基础。

二语习得理论认为，语言输入是学习者获取语言知识的重要来源。在学习第二语言的过程中，学习者通过接触和获取目标语言的输入，逐渐掌握语言的语音、词汇、语法等基本要素。语言输入的质和量都会对学习者的语言学习产生影响，因此，提供适合学习者水平、多样化的语言输入是第二语言教学的重要任务。

2. 学习者个体差异对第二语言学习有影响。

二语习得理论认为，学习者的个体差异对第二语言学习的过程和结果产生影响。这些个体差异包括学习动机、学习策略、认知风格等因素。学习动机强的学习者通常更愿意投入时间和精力学习第二语言，而学习策略和认知风格则会影响学习者获取和处理语言信息的方式。了解学习者的个体差异有助于教师提供更符合学习者特点的教学方法和支持。

3. 社会文化背景影响第二语言学习。

二语习得理论认为，社会文化背景也会影响第二语言学习的过程和结果。学习者的社会文化背景和目标语言的文化背景越接近，学习者在学习过程中遇到的难度可能会越小。此外，社会文化因素也会影响学习者在语言学习中的参与度和互动，从而影响学习效果。因此，第二语言教学应该关注目标语言的文化背景和社会环境，提供相应的文化体验和实践机会。

4. 第二语言学习分为三个阶段。

二语习得理论认为，第二语言学习可以分为三个阶段，包括早期阶段、中期阶段和晚期阶段。在早期阶段，学习者主要关注语言的基本要素，如语音、词汇和语法规则等。在中期阶段，学习者开始能够运用语言进行基本的交流，同时也开始关注语言的功能和语用规则等方面的知识。在晚期阶段，学习者已经掌握了相当程度的语言能力，能够进行较为流利的交流，同时也能够进行更高层次的语言活动，如文学创作、文化交流等。

5. 语言能力和语用能力的发展相互关联。

二语习得理论认为，语言能力和语用能力是相互关联的，语言能力的提高有助于语用能力的提高。在第二语言学习中，学习者不仅要掌握语言的基本要素，还需要具备在特定语境下正确使用语言的能力。因此，教学应该注重培养学习者的语用能力，提供语境化的语言练习和实践机会，促进其语言能力和语用能力的共同发展。

（二）理论应用

1. 营造积极的学习氛围。二语习得理论强调学习者的情感因素对语言学习的影响。因此，教师在英语教学中应营造积极的学习氛围，激发学生的学习兴趣和积极性。这可以通过采用有趣的教学活动、鼓励和赞扬学生的表现、提供具有实际应用价值的学习材料等方式来实现。

2. 重视语法和语言规则的讲解。二语习得理论认为，语言输入是语言学习的重要基础。在英语教学中，语法和语言规则的讲解是提供语言输入的重要途径之一。因此，教师应重视语法和语言规则的讲解，帮助学生掌握语言的基本要素和规则，促进语言习得。

3. 培养自主学习能力。二语习得理论认为，学习者是语言学习的主体，自主学习能力对语言学习效果具有重要影响。因此，教师在英语教学中应培养学生的学习自主性，帮助他们成为独立的学习者。这可以通过提供学习资源、引导学生制订学习计划、组织学习小组等方式来实现。

4. 提供多元化的语言实践机会。二语习得理论认为，语言实践是语言学习的重要环节。因此，教师在英语教学中应提供多元化的语言实践机会，让学生在实践中学习和运用语言。这可以通过组织口语比赛、写作比赛、情景模拟等方式来实现，也可以利用现代技术手段，如在线学习平台、虚拟现实技术等，提供更加丰富的语言实践体验。

总之，二语习得理论在英语教学中的应用可以从多个角度入手，包括提供适合学生的语言输入、关注学习者的个体差异、创造语言实践环境、重视语言能力和语用能力的共同发展等。教师可以通过营造积极的学习氛围、重视语法和语言规则的讲解、培养自主学习能力、提供多元化的语言实践机会等方式，将二语习得理论应用于教学实践，提升英语教学效果。

第三节　空中英语教室教学实践

外语教学是外国语学校的办学特色，这一办学特色决定了应该从语言学习方式上体现创新。此外，外语的教学要注重其工具性和交际性的特点，语言交际能力的提升需要地道的、原汁原味的、时效性强的语言素材，空中英语线上课程资源正好满足以上要求。

一、空中英语教室教学特点

深圳外国语学校经过两年多的考察，2018 年成功引入了《空中英语教室校园教育云》在线课程资源系统，我们认为如果能够提升中学生对在线课程的利用率，教育质量和公平性会获得极大的提升。同时，在线课程能为学生和老师提供丰富新鲜的内容和新的知识，其背后的新兴教育理念完全可以给学校教育理念、课程和教法带来创新。

（一）语言地道、干净，教会我们用简单的字说漂亮的英语

我们不可能人人都出国去培训，而“空中英语教室”就给我们提供了这样一个很好的语言环境。它的节目时间不是很长，但节目质量高，是地道、正宗的英语。

“语言地道、干净”是指使用的英语表达方式自然而流畅，没有生硬或刻意模仿的痕迹。这种语言表达方式能够让我们更加自然地理解和运用英语，同时也能够提高我们的英语口语和写作能力。

“教会我们用简单的字说漂亮的英语”是指使用简单而基本的英语词汇和语法结构，就能够表达出清晰、流畅、优美的英语。这可以帮助我们更好地理解和运用英语，同时也可以提高我们的英语口语和写作能力。

对于想要提高英语水平但无法出国接受培训的人来说，“空中英语教室”是一个非常方便和有效的学习途径。“空中英语教室”提供的学习资源包括教材、视频、听力材料等，可以帮助我们更好地学习和掌握英语。

（二）语速适中，语音、语调纯正、标准

平时看英文电影，有时候因为语言过于生活化，或语速太快，或“怪腔怪调”，很多人不能坚持听下去。但是“空中英语教室”节目的语速不快不慢，纯正标准，绝大多数人都能接受，听完之后会让学习者很有成就感。

“语速适中，语音、语调纯正、标准”是指英语发音清晰、流畅，语速适中，不会过于快速或过于缓慢，让学习者能够更好地理解和掌握英语。

在日常生活中，我们接触到的英语语言环境可能并不纯正，有时候会出现过于生活化、语速过快或者“怪腔怪调”的情况。这些问题会让我们感到不适应，甚至失去学习英语的兴趣。而“空中英语教室”的节目语速适中，语音、语调纯正、标准，可以让学习者更加轻松地接受和理解英语，同时也能够提高学习者的英语口语和听力能力。

“空中英语教室”的节目质量高，提供的学习资源也很丰富，包括教材、视频、听力材料等。这些资源可以帮助学习者更好地学习和掌握英语，提升学习效果。听完“空中英语教室”的节目后，学习者会有一种成就感，因为他们能够理解和掌握纯正的英语，这对于未来的学习和工作都是非常有帮助的。

（三）针对性强，可根据个人的水平选择不同程度的节目

“针对性强，可根据个人的水平选择不同程度的节目”是指“空中英语教室”的节目设计非常注重个性化学习，为不同水平的学习者提供了不同难度的学习材料。

这种设计方式考虑到了学习者的差异性和需求，让每个人都能根据自己的实际情况选择适合自己的学习材料。英语水平较弱的学习者，可以选择较为简单的节目，从基础开始学习，逐步提高英语水平；而英语水平较高的学习者，可以选择难度较大的节目，进一步深化和提高自己的英语能力。

这种有针对性的设计方式有利于学习者根据自己的实际情况进行补缺和超前学习。通过选择适合自己水平的节目，学习者可以更好地弥补自己的不足之处，同时也可以提前学习更高难度的内容，为未来的学习和工作做好准备。

（四）话题时尚、生活化，实用性、趣味性强，覆盖面广，集娱乐、学习于一体

“空中英语教室”的节目话题涵盖了多个领域，包括时尚、娱乐、旅游、美食、健康、科技等，都是当前大家比较关注和感兴趣的内容。这些话题不仅可以让学习者更好地了解当下社会的流行趋势和热点话题，同时也能够提高学习者的英语表达和交流能力。

此外，“空中英语教室”的节目还注重实用性和趣味性，让学习者在学习英语的同时也能够获得乐趣和享受。例如，一些节目会设计一些有趣的互动游戏或者挑战，增加学习的趣味性和互动性；一些节目则会提供一些实用的生活技巧或者学习技巧，让学习者能够在日常生活中运用所学知识。

（五）教学生动、活泼，表情丰富

“教学生动、活泼，表情丰富”是指“空中英语教室”的节目表现力极强，讲解人幽默、风趣，表情丰富，能够吸引学习者的注意力，提高学习者的学习兴趣。

与传统的课堂教学不同，“空中英语教室”的节目形式更加生动、活泼，讲解者会运用丰富的表情和肢体语言，让学习内容更加易于理解和记忆。这种讲解方式能够吸引学习者的眼球，让学习者更加投入地学习。

另外，“空中英语教室”的节目还可以反复观看和学习。学习者可以在课后或假期随时补学，不受时间和地点的限制，非常方便。这种学习方式能够满足不同学习者的需求，让学习者更加自由地安排自己的学习时间和进度。

二、“空中英语教室”教学实践观点

（一）观点一：正常孩子们的“语言天赋”能力是一样的

正常孩子们的“语言天赋”能力是一样的，即每个人都有学习语言的天赋和能力。的确，在没有教材的情况下，0—3 岁的婴幼儿都能够逐渐学会听说和交流，这表明人类的大脑对语言学习有着天生的机制。然而，进入学校后，由于专业的教师和专门的教材的出现，学习者的个性差异和成绩差别开始逐渐显现。

学校教育是一种有组织、有计划、有目标的教育形式，教师和教材的出现是为了帮助学生学习和掌握知识。然而，这种教育形式也有其局限性，如传统的课堂教学方式可能无法完全满足每个学生的个性化需求，适应其学习风格，也可能无法激发学生的兴趣和积极性。因此，一些学生可能会在传统的课堂教学中遇到困难，表现出学习成绩的差异和个性的差异。

为了解决传统课堂教育的难题，一些教育者开始探索新的教育模式和方法。例如，一些学校采用分层教学的方式，根据学生的不同水平和学习需求进行分类教学，以更好地满足学生的个性化需求。此外，一些教育者也尝试将信息技术融入教学，通过在线学习平台、互动课堂等手段来提高学生的学习兴趣和效率。

当然，破解传统课堂难题并不是一项容易的任务。在实际操作中，教育者需要考虑到各种因素，如学生的学习能力、教师的教学水平、教材的适用性等。同时，我们也需要认识到，学生的素质培养和应试水平提高是同等重要的，我们需要寻找一种平衡点，以实现学生的全面发展。

总之，虽然传统的课堂教学面临一些挑战，但我们可以通过探索新的教育模式和方法来破解这些难题，实现学生的全面发展。

（二）观点二：课堂是教育的主战场，是教育发展的核心地带，我们应该让孩子们赢在课堂而不是输在课后补习上

课堂是教育的主战场，是教育发展的核心地带，因此我们应该致力于让孩子们在课堂上学得更好，而不是仅仅依靠课后的补习。教育部原部长陈宝生指出，课堂教学改革不是对传统课堂的修修补补，而是对传统课堂的颠覆性改革，这要求我们树立崭新的教育观、学生观、教师观、课堂观和教学价值观。

传统的课堂教学方式往往是以教师为中心，以讲授为主，学生处于被动接受的地位。这种教学方式在一定程度上忽视了学生的学习需求和主动性，难以激发学生的学习兴趣和创造力。而现代化的教育理念则强调以学生为中心，教师作为引导者和促进者，引导学生主动学习、探究和合作。这种教育理念更加注重学生的全面发展，培养学生的创新精神和实践能力。

在新型的课堂教学中，教师需要转变角色，从知识的传授者转变为学习

的引导者，注重激发学生的学习兴趣和积极性，帮助他们形成自主学习、探究和合作的能力。同时，课堂教学也需要注重学生的个性化需求，关注学生的差异和特长，提供多样化的学习方式和资源，让每个学生都能够得到充分的发展。

此外，教学评价也需要从单一的考试评价转变为多元化的评价方式，注重学生的综合素质和个性特长，激发学生的自我认知和自我发展。同时，教师也需要不断提高自己的专业素养和教育教学能力，以更好地适应现代化教育的需求。

总之，现代化的教育理念要求我们树立崭新的教育观、学生观、教师观、课堂观和教学价值观，注重学生的全面发展、个性化需求和创造力的培养。在课堂教学中，我们需要转变角色，注重学生的主动性和探究学习，提供多样化的学习方式和资源，让孩子们真正赢在课堂。

三、余音课堂建构

"空中英语教室"的"余音课堂"是一种以听力训练为基础，逐渐扩展到口语、阅读和写作的教学模式。它借鉴了中国传统音乐教育的"余音"概念，旨在通过长期的、有计划的听力训练，帮助学生建立英语语音和语言表达的感知能力，进而提高口语、阅读和写作能力。"余音课堂"的核心思想是"听多了自然可说"，即通过大量的听力输入，让学生自然地掌握正确的语音和语言表达。在这个过程中，学生不仅可以提高听力理解能力，还能够培养良好的口语表达能力、阅读理解和写作能力。在"余音课堂"中，教师会精心选取适合学生水平的听力材料，并设计各种教学环节，如模仿、跟读、讨论、角色扮演等，让学生在轻松愉悦的氛围中积极参与，从而提升学习效果。同时，教师还会关注学生的学习进度和反馈，及时调整教学策略，确保教学效果。关于"余音课堂"，我们认为可从两个层面上建构。

（一）重视听并坚持长期听

学英文应先从听开始，听多了自然可说，接着阅读，再学习写作就容易多了，所以我们要坚持每天都有"不绝之音"。

1. 坚持长期听是英语“余音课堂”的基础。

在这一环节中，教师需要为学生制订长期的听力训练计划。听力材料应该选取适合学生水平、具有真实语境的材料，如英语新闻、电影、音乐等。

建议：每天听英语新闻（如 BBC、CNN 等），观看英语电影或电视剧，听英语音乐等。学生可以每天花 30 分钟听英语新闻，观看 10 分钟的英语电影片段，或是听 15 分钟的英语音乐，并注意语音和语言表达。

2. 听多了自然可说。

在大量听力输入的基础上，学生可以通过模仿、跟读等口语练习，逐渐掌握正确的语音和语言表达。

建议：在听力训练的基础上，进行模仿、跟读等口语练习，并积极参与课堂讨论、对话等口语活动。学生可以选取一段英语新闻，进行模仿和跟读练习，然后在课堂上进行口语表达和讨论。

3. 阅读的重要性。

在听力训练和口语练习的基础上，学生可以通过阅读英语材料，如英语小说、杂志、新闻等，扩展词汇量、加深对英语表达的理解，进一步提高阅读理解能力。

建议：选取适合学生水平的英语阅读材料，进行阅读训练，并掌握阅读技巧，如略读、扫读等。学生可以阅读《哈利·波特》系列英文小说，并在阅读过程中运用略读和扫读技巧，快速获取文章主旨和细节信息。

4. 写作的训练。

通过前期听力、口语和阅读的训练，学生已经具备了一定的英语表达能力。在此基础上，教师可以引导学生进行写作练习，帮助学生提高写作水平。

建议：进行写作训练，如写日记、作文等，并注重语法、词汇和语言表达的准确性。学生可以写一篇关于自己最喜欢的电影的作文，描述电影内容、感受和评价等。

总之，英语“余音课堂”是一种以听力训练为基础，逐渐扩展到口语、阅读和写作的教学模式。通过坚持每天都有“不绝之音”的听力训练，学生可以逐渐掌握英语语音和语言表达，提高口语、阅读和写作能力。为了实现这一目标，教师需要精心选取听力材料、设计教学环节，引导学生积极参与、持续练习。同时，教师还需要关注学生的学习进度和反馈，及时调整教学策略，确保教学效果。

（二）统一在具有“强制性”的课堂上一起听

1. 参与合作学习。

语言学习是一个文化参与的过程，学习者需要参与到某个共同话题或共同体的实践活动中进行合作互助。这种参与和合作可以采取多种形式。

与以母语为英语的人交流：学习者可以通过与以母语为英语的人进行交流，了解英语的用法和习惯。这种交流可以通过社交媒体、面对面交流、参加英语角等方式实现。

观看英语电影和电视剧：学习者可以通过观看英语电影和电视剧，了解英语的文化和语言习惯。在观看过程中，学习者可以通过合作讨论，分析剧情、角色和语言表达方式。

阅读英语文学作品：学习者可以通过阅读英语文学作品，了解英语的文化和语言发展历程。通过合作阅读和讨论，学习者可以更好地理解文学作品中的语言和文化内涵。

参加英语文化活动：学习者可以参加各种英语文化活动，如英语演讲比赛、英语歌唱比赛、英语戏剧表演等。通过这些活动，学习者可以锻炼英语表达能力，并与其他学习者进行合作和交流。

2. 感知全貌之音。

关于“听”的课程设计和教法，不被所谓能力差异所限制，按规定循环由易到难的语境节目让孩子们感知英语语言的“全貌之音”，从而完成对所学语言和文化的大脑认知建构。这种做的目的是让学习者在真实的语境中感知语言的用法，了解语言的多样性和灵活性。通过逐渐加深语境难度，学习者可以逐步掌握和理解语言的复杂性和微妙之处。

具体来说，这种课程设计和教法可以采取以下步骤：

首先，选择适合学习者的语境节目，如英语歌曲、电影、电视剧等，确保学习者能够在语境中感知英语的用法和意义。

其次，制订循环听力计划。将语境节目按照难度等级分类，并制订听力计划，按照计划循环播放不同难度的语境节目，确保学习者能够逐步提高听力水平。例如，可以制订一个每周的听力计划，每周播放一个难度等级的语境节目，并在播放前进行预习和讲解，帮助学习者更好地理解。

再次，合作互助。在学习过程中，鼓励学习者相互合作和帮助，如组织小组讨论、角色扮演等活动，促进学习者之间的交流和互动。

最后，引导反思和总结。在学习过程中，引导学习者进行反思和总结，如让他们记录学习过程中的问题和难点，并加以分析和解决，帮助他们更好地掌握和理解语言。

通过以上步骤，学习者可以更好地参与到英语语言学习中，逐步提高听力水平，并更好地掌握和理解所学语言和文化。同时，通过合作互助和反思总结，学习者可以更好地理解和掌握语言的复杂性和微妙之处，提高自己的语言能力和文化素养。

四、空中英语教室实践教学

（一）空中英语教室的引进与特色校本开发

在实际教学中，传统教学对语音、语法、词汇和句型的教学过度关注，造成英语学习成了一种知识的摄入，学生在平时的学习中没有养成听、说、读、写、译等全方位的语言学习方式，对语感、情景应用、文化差异等更接近语言学习的内容近乎忽略，在死背词汇表，音形脱离，形意脱离，拼写易错，听不懂，说不好，不会写等方面的苦恼不仅降低了学生初级阶段的英语学习信心，更是对教师的教学方式提出了挑战，成为普遍的英语教学难题。

为了广泛而系统地解决英语教学的现实问题，深圳外国语学校经过缜密而严谨的考察，自 2018 年开始与“空中英语教室”共同开发专属于深圳外国语学校初中部学子的英语拓展学习课程系统——《空中英语教室校园教育云》。此举在英语学习的资源库上进行全方位的更新，同时一举改变传统的课堂讲授方式，在在线课程的组织方式上也对教师提出了新的要求：如何让学生积极主动地参与在线课程学习？如何与线下课堂教学紧密结合？如何在英语学习的目标上实现相辅相成的促进作用？

“空中英语教室”是一个集视、听、说、读为一体的大型多媒体纯正美式英语教学节目，每周一至周六上线全新的视听说课程，紧跟时事和社会的热门话题。课程分为三个级别——初级的《大家说英语》，中级的“空中英语教室”和高级的《彭蒙惠英语》。不同级别的设计让不同语言程度的学生可以进行个性化的学习，有利于学生查漏补缺和快速提升。节目时间平均约 10 分钟，话题涉猎广泛，主题形式多种多样，中学英语课程话题从个人和社交话题（《大家说英语》）到科普类话题（“空中英语教室”）再到社会与艺术类话题（《彭蒙惠英语》）都有涉及，且难度随着语言程度的提升而逐级增加。“空中英语教室”有强大的学习监管体系，每周由后台给出本周学习的主题，由学生自行选择主题下各程度的视频，并自行决定学习时长。

2020 年 9 月，《空中英语教室校园教育云》正式投入使用，面向初一 6 个班级，学生年龄在 12 岁到 15 岁之间。学生参加研究时已经在正式课堂环境下学习英语 6—9 年（小学 6 年，初中 1—3 年）。在小学阶段每个学生接受的教学方式、内容和难度都不一样，因此进入初一后每个学生的英语水平参差不齐。进入初中后，开始统一接受“空中英语教室”学习。

（二）混合式教学模式探索

随着教育生态的深入变革及多媒体信息技术平台的推广，当下学校的教学模式已经发生了巨变，国内外对于在线课程的研究与开发已相当普遍及成熟，如早已被大众所接受的“慕课”“微课”“翻转课堂”等模式，这些模式在学校经过几年的概念“大热”到教学实践中的“遇冷”反思，衍生出一种将课堂教学与在线学习结合的教学探索方向。在具体实施的过程中以本校的课程设计与开发为主，将在线课程内容作为课程资源或嵌入或引用的“相交模式”，成为当前课堂教学改革与创新的重要实践方式，并由此引发了混合式教学的理论与实践研究。

混合式教学是在信息技术支持下的教学方式变革，事实上促成这一方式产生的背后是更深层次的教育理念的转变，将课堂教学的边界打破，给予学生更丰富、更广泛的学习资源，在解放学生学习主动性的理念引导下，将学习变成一个项目式的任务。而混合式教学不仅具备项目制任务的学习特征，更是在新课程的统领规范下，充分满足在获得知识与技能的过程中学会学习和形成正确的价值观。这样的教学要求，就是混合式教学实践研究的全新的课程方向。学生通过外语这个工具媒介来实现更多元的能力与自我发展，通过用好外语讲述“我们自己的故事”，在全球视野下更多元地扩展认知边界，向世界更好地讲述中华文化，这是我们教育者共同的理念转向。

基于在线课程开展混合式教学的实践研究所聚焦的问题是，以新课标的目标为出发点，提炼出一条符合“文化意识”的教学理念的价值取向，在课程实践策略上探索具有普遍意义的新时代学习路径。

混合式教学的技术支持：

1.“空中英语教室”的信息化平台支持。

学科组根据深圳外国语学校多年的英语教学实践经验与需求，与技术人员展开模块设计定制，并且在内容上进行创作与优化，在信息化技术与内容流程上建立更符合学生学习行为习惯的平台内容。“空中英语教室”子系统是一款针对英语学习的信息化平台，旨在为学生提供更加便捷、高效的英语学习体验。该平台由深圳外国语学校与专业技术人员合作设计和开发，具有以下特点和功能：

（1）有丰富的英语学习资源。

“空中英语教室”平台提供了多样化的英语学习资源，包括：

听力材料：包括慢速和正常语速的英语新闻、访谈、电影对话等，帮助学生提高听力理解和语音识别能力。

阅读材料：涵盖各类主题的英文文章、新闻报道、小说等，帮助学生提高阅读理解能力，增加词汇量。

口语练习：提供各种场景的对话练习，如日常交流、商务英语、旅游英语等，帮助学生提高口语表达和交流能力。

写作范文：包括各类文体，如信件、论文、新闻报道等，帮助学生提高英文写作技巧和表达能力。

这些资源不仅类型多样，而且难度适中，适合不同英语水平的学生进行学习。

（2）提供个性化的学习计划。

平台根据学生的学习情况和目标，为其制订个性化的学习计划。学生可以在平台上设置自己的学习目标、选择学习内容等，平台根据学生的学习偏好和历史学习数据，为其推荐适合的学习资源。这种个性化的学习计划可以帮助学生更好地满足自己的学习需求，提高学习效率。

（3）提供智能化的学习工具。

“空中英语教室”平台提供了一系列智能化的学习工具，分别为：

语音识别：学生可以通过录音对比标准语音，纠正自己的发音。

智能翻译：提供实时翻译服务，帮助学生理解生词、句子或文章的含义。

语法检查：学生可以在写作练习中使用语法检查工具，自动识别并纠正语法错误。

这些智能化的学习工具可以帮助学生更加高效地进行英语学习，提升学习效果。

（4）支持互动式的学习方式。

“空中英语教室”平台支持学生之间的互动和合作，如小组讨论、在线问答等。学生可以在平台上创建学习小组，与其他学生一起进行对话练习、讨论问题等。这种互动式的学习方式可以激发学生的学习兴趣，提升其参与度和学习效果。同时，学生还可以在平台上与其他学生或老师进行在线问答，解决学习中的疑惑和问题。

（5）数据化的学习分析。

平台通过分析学生的学习数据，为学生提供个性化的学习建议和反馈。学生可以在平台上查看自己的学习进度、成绩等信息，并根据这些数据进行自我评估和调整学习策略。这种数据化的学习分析可以帮助学生更加科学地进行英语学习，提高学习效率。

2. 课程设计的技术实践路线。

（1）教师层面。

在教师层面，以新课标为教学纲要，展开全面的深入学习，构建统一而有理解力的课标认知，从而在实践教学过程中指导教师进行教学设计与实践指引。其行动路径可以描述为“新课标学习—学科内化—观念解放—平台应用—内容创新—行动支援—支架观察—学习氛围—评价反馈”。

第一步：新课标学习。教师需要深入学习和理解新课标，掌握英语学科的教学要求和教育理念。这包括了解英语学科的核心素养、教学目标和评价标准等。通过学习新课标，教师可以构建一个符合新课标要求的教学框架，确保为学生提供全面的英语语言训练和学科核心素养的培养。

第二步：学科内化。教师需要将新课标中的教学内容内化为自己的教学思路和方法，形成个性化的教学风格。这需要教师深入了解英语学科的知识体系和语言规律，掌握英语语言的特点和用法。通过内化教学内容，教师可以更好地为学生提供高质量的英语语言输入和语言实践机会。

第三步：观念解放。教师需要打破传统的教学观念和方法，接受新的教学理念和模式，采用多样化的教学手段和技术，为学生提供更加灵活、自主的学习环境和机会。这包括采用互动式、探究式、项目式等多种教学方法，鼓励学生发挥自己的学习主动性和创造性，提升学习效果。

第四步：平台应用。教师需要利用现代信息技术和教学平台，为学生提供线上和线下的混合式学习体验。通过教学平台，教师可以共享教学资源、开展互动教学、进行学习评价等。同时，教师还可以提供多元化的学习工具和支撑服务，如在线测试、在线讨论、语音留言等，帮助学生更好地进行自主学习和合作学习。

第五步：内容创新。教师需要根据学生的实际情况和需求，结合新课标的要求，设计具有创新性的课程内容和活动，为学生提供更加丰富、有趣的学习体验。教师可以通过引入现实生活中的情境、组织英语演讲比赛、开展文化交流活动等方式，激发学生的兴趣和创造力。同时，教师还需要不断更新课程内容，保持其时代性和前沿性，以满足学生的个性化需求。

第六步：行动支援。教师需要利用各种教学资源和技术手段，为学生提供必要的学习指导和帮助。这包括提供学习资源、进行个别辅导、组织学习交流等，帮助学生解决学习中的困难和问题。教师可以通过课堂讲解、示范、指导等方式提供行动支援，同时还可以利用网络资源和学习平台，为学生提供在线辅导和答疑。

第七步：支架观察。教师需要通过网络评估、同伴互评等方式，对学生的学习效果进行定期评价反馈，以便及时调整教学策略和方法。通过观察学生的表现和反馈，教师可以了解学生的学习情况和问题，及时发现并解决学生的学习困难。同时，教师还需要进行教学反思和总结，不断提高自己的教学水平和能力。

第八步：学习氛围。教师需要营造积极的学习氛围，激发学生的学习兴趣和动力，培养学生的创新意识和实践能力。这包括鼓励学生提问、提供多元化的学习活动、建立学习小组等。通过营造积极的学习氛围，教师可以激发学生的学习兴趣，提高其参与度，促进学生的自主学习和合作学习能力的提升。同时，教师还需要关注学生的情感需求，营造和谐、愉快的课堂氛围，让学生在学习中感受到轻松和快乐。

（2）学生层面。

在学生层面，识别学生学习的需求特征，以生动、互动、触动的内容设计来吸引学生的参与，并在此过程中给学生建立积极及时的正面反馈，为其提供发挥的舞台，从而帮助学生建立长效的学习力量。其技术实践路线可以简述为“自行测评—自主选择—自我管理—内容检测—小组学习—任务驱动—舞台表达—结果反馈—行动强化”。

第一步：自行测评。学生可以通过自我测评了解自己的英语水平及需求，从而明确个人学习计划。测评方式可以包括在线测试、自测题、模拟场景等，让学生可以随时了解自己的英语水平和学习进度。

第二步：自主选择。学生可以根据自己的兴趣和能力选择合适的学习内容和方式，这样可以增强学生的学习主动性和积极性。例如，学生可以选择学习与自己专业或兴趣相关的英语课程，或者选择适合自己的学习方式，如看英语电影、听英语新闻、进行英语口语练习等。

第三步：自我管理。学生需要学会对自己的学习过程进行监控和管理，包括制订学习计划、安排学习时间、管理学习资源等。通过自我管理，学生可以更好地掌握自己的学习进度和效果，提高学习效率。

第四步：内容检测。学生可以通过内容检测了解自己的学习成果，发现自己的问题并加以改进。检测方式可以包括在线测试、作业提交、论文撰写等，让学生可以及时掌握自己的学习进度和效果。

第五步：小组学习。学生可以在小组中共同完成学习任务，通过交流和协作提高自己的英语应用能力。小组学习的形式可以多样化，如线上讨论、线下小组讨论、小组项目等。

第六步：任务驱动。学生可以通过任务驱动的方式进行学习，这种方式可以增强学生的学习动力和实际应用能力。任务可以是模拟现实的英语口语练习、撰写英语论文、组织英语演讲等。

第七步：舞台表达。舞台表达为学生提供了展示自己的机会，让他们能够将所学知识应用于实际场景，增强学习的成就感。舞台表达的形式可以包括英语演讲、戏剧表演、英语歌曲比赛等。

第八步：结果反馈。学生完成学习任务后，可以得到结果反馈，这有助于他们了解自己的学习进度和效果。反馈可以来自教师、同学、平台等，也可以是自我反思和总结。

第九步：行动强化。通过正面的反馈和鼓励，帮助学生建立长效的学习力量，让他们在学习过程中不断进步和提升。行动强化可以是教师的表扬、奖励、证书等，也可以是学生的自我激励和进步感。

五、混合式英语教学模式下教师角色定位

在“互联网 +”的新时代，在信息技术多媒体的快速发展时期，英语教学迎来了空前的变化。越来越多的学生正在接受或已经接受了网络授课。我们学校似乎“先知先觉”地引进了“空中英语教室”这一网络视听教学平台，早早地开始了“线上 + 线下”的混合式英语教学模式。在这种模式下，学生

在家中观看视频或听音频进行学习，学习后完成一定的练习或小测，系统自动生成并呈现出每位学生的学习时间长度、学习内容的数量以及学习后的成绩。老师再在这个大数据基础上进行分析和线下的补充和提醒。这个网络学习平台的英语教学使传统的课堂授课得到了补充和拓展。同时，这种模式也给我们教师的角色定位提出了新的要求，需要教师实现从传统教学中的角色向多媒体条件下的角色的转变。

（一）外语教师在多媒体教学中的角色定位

当前，将多媒体技术与英语教学进行整合的探索总体而言还处于起步阶段，其关键在于教师能否实现从传统的角色向多媒体条件下的“多重角色”的转变。笔者认为，在多媒体和网络学习平台的条件下，我们教师应扮演下列几种角色：

1. 课程的设计者与开发者。

外语教学网络化和多媒体化不仅打开了教师的视野，也使得教师获得了更多的机会去了解先进的教学理论和教学方法。教师可以借助网络化的手段来实现自己的信息获得及知识体系的建构，可以根据新时代的要求来丰富教学内容。在传统的教学中，教师处在课堂教学中心的地位，充当着教材的确定者和教学任务执行者的角色。而在多媒体教学中，教师则是课程的设计者和教学内容的开发者。为满足各个层级学生的学习需求，教师在制作课件的过程中要根据学生的接受能力将不同难易程度的教学内容融入多媒体课件中，帮助学生获得、感受或体验丰富的语言内涵，设法使学生参与到探求知识的过程中来。这个设计与开发以及作业和测试的布置等基本上由“空中英语教室”的学习平台人员和我们学科组的老师一起合作完成。

2. 教学活动的组织者、引导者及学生学习的协作者和促进者。

与传统教学相比，运用多媒体手段可以使学生更广泛地参与到课堂教学中来，因此课堂上出现了合作学习、小组讨论、任务型活动等教与学的方式。在这种教与学的过程中，学生以自己已有的知识为基础，通过主动建构来获得新的知识，教师不再是课堂的中心，而是变成了学生学习活动的引导者、协作者和促进者。但教师仅充当一个知识传授者的角色是远远不够的，教师的职责是确保学生在教学过程中的中心地位，是设法使学生能积极主动地发挥自己的主观能动性。

3. 学生学习过程的指导者和监督者。

在多媒体条件下进行英语教学是教师促进学生完成知识建构的过程。在这个过程中，教师要在充分满足学生学习需求的基础上帮助学生把握学习方向，通过科学的途径有效地进行学习，其中也包括养成自主学习的习惯。由于在学习过程中增加了利用多媒体进行独立学习和协作学习的学习方式，所以由此也增加了教学过程的复杂性，对教师在教学过程中的监控能力也提出了较高的要求，即除了要对学生的学习方式和学习习惯进行观察和了解以外，还要对学生的学习内容和学习策略进行掌握和监督。这是因为，网络资源丰富而复杂，学生由于社会阅历和经验不足，辨别能力上存在差异，所以就要求教师一定要对学生进行正确的监督和引导，如此才能确保学生把握住正确的学习方向。我们引进的“空中英语教室”平台的众多资源是经过挑选，精心制作出来的，不必担心学生浏览内容方面的问题。

4. 学生学习平台和学习资源的提供者。

目前，网络以及多媒体等技术已成为英语教学的重要手段。在网络、多媒体技术条件下，学生可以利用因特网获取大量学习内容，教师的教学也不再是单纯地对学生进行语言知识的灌输。这样，英语教师的角色除了传授知识外，还要承担起向学生介绍更多的课内与课外英语学习资源及其获取途径的责任。教师不仅要让学生知道如何获取适合自己的学习资源，还要让他们有能力对这些资源加以精心的筛选。“空中英语教室”拥有相当丰富的学习资源，作为初中生的学习辅助，已经够用。

5. 学生学习效果的评价者。

根据美国资深教育家 G. 马丁 – 妮普（G.Martin–Kniep）所指出的，考评使得学生容易发现自己的优缺点，从而知道该采取哪些改进措施，因而可以促进学生的学习。在传统的教学模式下，学生的学习效果都是通过设计好的终结性考试的考试方式（通常是笔试）来评价的，教师在这个过程中几乎没有参与评价。而在多媒体教学过程中，学生采用的主要是以自主学习为主的学习方式。在这种教学过程中，教师不仅要考查学生学习的最终结果，还要对学生在学习过程中的态度、状态和进步情况等进行评价，由此更能体现出考评对于学生学习的促进和指导作用。

（三）多媒体外语教学中教师的“多重角色”的角色定位对学生学习的影响

1. 网络、多媒体教学中教师扮演的多重角色有利于学生确定正确的学习动机，有利于提高学生学习效率。

正如 Gardner 学者指出，动机是第二语言习得的核心推动力，因为学习动机是语言学习中的关键因素。

传统英语教学以教师为中心，不利于激发学生的学习动机。在网络、多媒体条件下，作为课程的设计者和教学资源的开发者，英语教师改变了传统的教学模式，通过对多媒体技术的运用可以最大限度地调动起学生学习的积极性与主动性。多媒体教学中的文字、图形、图像和动画等能充分吸引学生的视觉；解说、背景音乐和逼真的音响效果可以充分刺激学生的听觉；多媒体手段使用过程中的交互性等特点，要求学生必须眼、耳、手、脑等器官并用，这无形中也会锻炼和提高学生的综合能力。我们的“空中英语教室”学习平台更是体现了以上优点：图像和音响效果直入耳目；主持人和演讲者生动的语调和活泼的表情都给学生们留下了极其深刻的印象。

2. 教师扮演好“多重角色”能全方位、多层面地提升学生自主学习的能力。

培养学生自主学习能力是学校教育旨在达成的目标之一。未来社会要求人们必须进行持续学习，否则就会被社会所淘汰。因此，使学生具备自主学习的能力已成为当今教育的重要目标。这也就是说，教育除了培养学生具有独立思考和自我管理的能力以外，还要使学生具备独立学习、自我提升的能力。

结合网络多媒体的混合式教学模式改变了传统教学中的学生只能被动地在课堂上听讲，只能单方面地接受教师所传授的知识的状态，真正让学生成为认知主体。教师在教学中扮演“多重角色”，可以为学生营造出一种适宜学习的环境和氛围，可以有效地激发起学生学习的积极性和主动性。教师借助网络和多媒体，积极参与学生学习的过程，可以为学生的学习提供有针对性的指导；教师利用丰富的多媒体资源，可以培养学生自主学习的意识；教师通过指导学生自主学习，帮助学生针对教学目标确立或修正自己的学习计划，从而确保学生按计划进行学习，大大提高学生的学习效率，并为其终身学习打下坚实的基础。

通常情况下，由于参加网络自主学习的学生比较多，教师往往兼顾不到所有学生。教师还可能会过高估计学生的自制能力。以我们学校为例，平均40个人一个班。如此大容量的班，在短短90分钟的时间内，教师很难照顾到每一位学生。在这种情况下，尽管教师为学生准备的多媒体学习内容足够丰富，学习安排很有吸引力，但一些自制能力较差或是对英语学习不感兴趣的学生，往往会选择上网聊天或浏览不相关的网页。对此，如果教师不能及时地予以指出，时间略长，他们不但跟不上学习进度，还可能染上网瘾，引发恶性循环，乃至辍学。所以，在网络多媒体的教学环境下，教师是否能真正负起责任就是能否保证学生学习效果的一个关键因素。我们引进的“空中英语教室”学习平台，能及时并且直观地显示出每位学生的学习时间和学习量以及测试成绩，因此能很好地协助老师监督每一位学生的情况，也是对学生十分有效的约束和鞭策。

3. 可促进学生对自身的学习进行全面评价，使之养成良好的学习习惯。

我们传统的评价以笔试为主要评价方式，教师是评价的主体，评价内容注重学生对基础知识和基本技能的掌握，忽视对学生的学习能力和学习过程的评价，不利于全面地对学生的学习状况进行考查。通过“空中英语教室”这个平台，我们教师对学生学习的评价由传统方式向新方式转变，即评价主体从以教师为主向将教师和学生作为“双主体”转变，并且重视学生在学习过程中的每一个阶段和每一个环节中的进步，可以督促学生对自己的学习负起责任，并且学生之间会进行对比，从而增强学生“我要学好”的驱动力。这样，就能比较好地发挥出评价的导向作用，同时也有利于让学生建立起能学好的自信心，有利于促进学生学习效率的提升。当学生在“空中英语教室”平台中看到自己成功“晋级”，自然而然地生出一种自豪感，从而得到很积极的鞭策和促进。

第六章

智能化时代的英语教学反思

第一节 交互行为的改进

一、智能化教学中交互行为的特点

混合式教学中的交互行为是促进学生全面发展和深度学习的重要手段，具有多元性、实时性、灵活性、深度性和反思性的特点。

（一）多元性

混合式教学中的交互行为不仅关注学生的认知发展，还关注学生的社会和情感方面的成长。这种教学方式通过线上和线下的教学活动，促进学生与教师、同学之间的互动和交流，提供多样化的学习资源和交互方式，从而促进学生的全面发展和学习。

（二）实时性

在混合式教学中，学生可以通过在线平台实时与教师和同学进行交流和互动。这种实时性可以让学生及时解决问题和获取反馈，从而提升学习效果。同时，实时性也可以促进学生的参与和合作，让学生在互动中深入探究和思考问题，加深对知识的理解和掌握。

（三）灵活性

在混合式教学中，学生可以根据自己的时间和进度安排学习，不必受限于固定的学习时间和地点。同时，学生可以根据自己的需求和兴趣选择不同的交互方式和资源，如在线讨论、面对面交流、视频课程等。这种灵活性可以让学生更加自主地学习，提升学习效果和积极性。

（四）深度性

混合式教学中的交互行为旨在促进学生深度学习。通过线上和线下的教学活动，学生可以深入探究和思考问题，与教师和同学进行交流和互动，从而加深对知识的理解和掌握。这种教学方式可以让学生更加深入地思考和理解知识，从而提高学习效果和思维能力。

（五）反思性

在混合式教学中，教师会引导学生反思自己的学习过程和结果，从而帮助学生调整和改进自己的学习方法和策略。学生可以在交互过程中不断反思自己的学习过程和结果，总结经验和教训，从而不断提高自己的学习能力和方法。

二、智能化教学中交互行为的类型

1. 人机交互。这种交互类型是智能化教学中最基本和常见的形式之一。它涉及人与智能教学系统的互动，包括学生与教师通过智能教学平台的互动、学生通过智能设备进行自主学习等。在这种交互中，学生可以通过智能设备获取学习资源、接受指导和反馈、进行自我评估等。教师也可以通过智能设备发布学习任务、提供指导和建议、监控学生的学习进度等。人机交互具有高效、便利、实时等优点，可以大大提升教学效率和学习效果。

2. 人人交互。这种交互类型涉及人与人之间的互动，包括教师与教师、教师与学生、学生与学生之间的互动。在智能化教学中，人人交互可以是面对面的交流，也可以是通过在线平台进行的远程交流。这种交互可以促进教师之间的合作、学生之间的互助、师生之间的沟通和反馈等。通过人人交互，学生可以在教师的引导下进行讨论、合作、探究等活动，促进合作学习、深度学习和创新思维的培养。

3. 人文交互。这种交互类型强调人与文化的交互，包括学生通过智能化手段深入了解历史文化、了解社会背景等。在智能化教学中，人文交互可以通过虚拟现实、增强现实等技术手段实现，让学生身临其境地感受历史文化的氛围和背景，增强对历史文化的认识和理解。同时，人文交互也可以促进学生对社会问题的认识和理解，培养学生的社会责任感和公民意识。

三、交互行为存在的问题以及改进对策

在混合式教学中，交互行为是促进学生深度学习和提高教学质量的关键。然而，现有的混合式教学存在一些问题，如技术设备要求高、学生参与

度不足、互动和参与度减少、某些学科实践机会不足等，这些问题影响了混合式教学的效果和质量。

（一）存在的问题

1. 技术设备和网络环境不稳定。

在混合式教学中，技术设备和网络环境是支撑交互行为的重要基础。然而，由于一些学校的技术设备和网络环境更新缓慢，导致技术设备和网络环境不稳定，学生在参与交互时可能会遇到诸如学习平台崩溃、网络卡顿等问题，影响学生的学习体验和效果。

2. 教师对交互行为的引导能力不足。

在混合式教学中，教师是促进交互行为的重要引导者。然而，由于一些教师缺乏有效的在线教学策略和方法，导致他们对交互行为的引导能力不足，可能无法有效引导学生参与交互，影响学生的学习效果和参与度。

3. 学习资源和交互方式单一。

在混合式教学中，学习资源和交互方式的多样性可以满足不同学科和实践需求。然而，由于学习资源和交互方式单一，可能导致学生缺乏多样化的学习体验和交流渠道，可能无法满足学生的学习需求和吸引学生的兴趣，影响学生的学习效果。

4. 互动策略缺乏有效性。

在混合式教学中，互动策略是促进深度学习和提高教学质量的重要手段。然而，由于互动策略缺乏有效性，可能导致学生难以参与到互动中来，无法有效激发学生的思维，影响学生的学习效果和参与度。

5. 学科实践机会不足。

对于需要实践经验的学科，实践机会是促进学生深度学习和提高教学质量的重要途径。然而，由于学科实践机会不足，可能导致学生缺乏实践训练和体验，无法有效加深学生对知识的理解和掌握，影响学生的学习效果和兴趣。

（二）改进的对策

改进混合式教学中的交互行为是必要的，可以提升学生的学习效果和兴趣，促进学生的深度学习和提高教学质量。

1. 提供必要的技术支持和设备。在混合式教学中，技术设备和网络环境是支撑交互行为的重要基础。因此，为了确保每个学生都能够参与其中，降低操作门槛，学校需要提供必要的技术支持和设备，如稳定的网络环境、可用的多媒体设备、易于操作的学习平台等。

2. 教师培训。教师在混合式教学中起着关键的作用，因此，学校需要对教师进行培训，提供技术指导和教学策略的培训，让教师熟悉在线教学平台和工具，掌握有效的在线教学策略，从而提高教师的在线教学能力和交互行为的引导能力。

3. 学校管理层进行学情调研。为了制定适合本校发展的混合式教学模式框架和评价标准，学校管理层需要进行学情调研，了解教师和学生对混合式教学的需求和设想，以及现有的技术设备和网络环境的情况，从而为开展混合式教学提供理论依据和支持。

4. 提供丰富多样的学习资源和交互方式。在混合式教学中，学习资源和交互方式的多样性可以满足不同学科和实践需求，如在线讨论、实时聊天、小组合作、在线实验室等，可促进学生的参与和合作，激发学生的思维和创造能力。

5. 制定有效的互动策略。在混合式教学中，互动策略是促进深度学习和提高教学质量的重要手段。如问题引导、合作学习、探究式学习等，可激发学生的思维，提高其参与度，促进学生的深度学习和理解。

6. 建立虚拟实验室和模拟实践环境。对于需要实践经验的学科，学校可以通过建立虚拟实验室和模拟实践环境等在线工具，提供实践机会和实践场景，培养学生的实践能力和创新思维。

第二节　数字化智能协同

一、数字化智能协同概述

（一）数字化智能协同的概念

混合式教学中数字化智能协同是指在数字化环境中，通过人工智能和智能工具进行协同工作，实现智能化、自适应化的教学和学习过程。它融合了数字化、智能化、自适应化的技术手段，可以为学生提供个性化、精准化的学习资源和服务，为教师提供智能化、自动化的教学工具和平台。数字化智能协同的目标是实现教学和学习的智能化、高效化，从而提升学生的学习效果和教师的教学效率。

（二）数字化智能协同的技术手段

数字化智能协同的技术手段包括人工智能、机器学习、自然语言处理、计算机视觉等。这些技术手段可以帮助数字化智能协同实现自动化、智能化、自适应化的教学和学习过程。比如，通过机器学习和自然语言处理技术，可以实现自动化答疑解惑、口语测评等；通过计算机视觉技术，可以实现自动化批改作业等。

1. 人工智能。人工智能是数字化智能协同的核心技术之一。它是指通过计算机程序和算法模拟人类的智能行为，实现自动化、智能化、自适应化的任务处理。在数字化智能协同中，人工智能可以用于自动化批改作业、智能推荐学习资源、自动化答疑解惑等。例如，通过自然语言处理技术，人工智能可以理解和回答学生的问题，提供相关的知识和信息。

2. 机器学习。机器学习是人工智能的一个重要分支，它是指通过训练数据集，让计算机程序自动调整和优化算法参数，提高模型的预测准确性和泛化能力。

3. 自然语言处理。自然语言处理是人工智能的另一个重要分支，它是指通过计算机程序和算法处理人类自然语言文字，实现自然语言理解和生成。

在数字化智能协同中，自然语言处理可以用于自动化答疑解惑、口语测评等。例如，通过自然语言处理技术，人工智能可以理解学生的问题，生成自然语言回答，提供相关的知识和信息。

4. 计算机视觉。计算机视觉是指通过计算机程序和算法模拟人类的视觉感知能力，从图像或视频中获取信息并进行分析和处理。在数字化智能协同中，计算机视觉可以用于自动化批改作业、智能监控等。例如，通过计算机视觉技术，人工智能可以自动批改数学题目，识别学生的解答并判断是否正确。

（三）数字化智能协同的要素

数字化智能协同的要素包括沟通、协调、合作和共享，这些要素在数字化智能协同中都起着重要的作用。

1. 沟通。沟通是数字化协同的基础，通过有效的沟通可以消除误解、解决问题、达成共识。在数字化协同中，团队成员可以使用即时通信工具、视频会议工具等来进行有效的沟通。这些工具可以让团队成员实时交流，分享想法和信息，从而促进相互理解，解决问题并达成共识。

2. 协调。协调是数字化协同的关键，可以确保团队成员之间的合作有序、高效。在数字化协同中，团队成员可以使用日程表、任务分配工具等来进行协调。这些工具可以帮助团队成员规划工作流程，分配任务，确保团队合作的有序性和高效性。

3. 合作。合作是数字化协同的核心，可以促进团队成员之间的相互支持、相互帮助，共同完成任务。在数字化协同中，团队成员可以使用在线文档、云盘等来进行合作。这些工具可以让团队成员共享工作资源，共同编辑文档，协同完成任务。通过在线协作工具，团队成员可以相互支持、相互帮助，共同完成任务。

4. 共享。共享是数字化协同的重要原则，可以确保团队成员之间的信息透明、共享，避免重复工作，提高工作效率。在数字化协同中，团队成员可以使用共享文件夹、版本控制系统等来进行信息共享。这些工具可以让团队成员共享和访问项目文件和数据，确保所有人都可以访问最新的信息和更新信息，避免信息孤岛和重复工作，提高工作效率。

（四）数字化智能协同的应用

数字化智能协同可以应用于混合式教学的学习过程中，也可以应用于教师的教学过程中。比如，在学习过程中，学生可以通过智能语音识别技术实现自动化答疑解惑，通过智能匹配技术实现学生之间的协同学习等。在教学过程中，教师可以利用智能工具自动化批改作业、智能推荐学习资源等，从而提升教学效率和学习效果。

1. 学习过程中的应用。

（1）学生自动化答疑解惑。通过智能语音识别技术，学生可以随时向数字化智能协同系统提出问题和疑惑，系统可以自动识别问题并进行解答。这种自动化答疑解惑的方式可以随时随地为学生提供帮助，避免学生因一个问题而浪费过多时间。

（2）学生智能匹配学习。通过智能匹配技术，学生可以找到与自己志同道合的同学进行协同学习。这种智能匹配可以是基于学习内容的，也可以是基于兴趣的。通过协同学习，学生可以相互交流、分享学习资源、共同解决问题，提升学习效果。

2. 教学过程中的应用。

（1）教师自动化批改作业。通过数字化智能协同系统，教师可以自动批改学生的作业，节省了手工批改的时间和精力。同时，数字化智能协同系统可以提供准确的作业分析数据，帮助教师了解学生的学习情况，为后续的教学提供参考。

（2）教师智能推荐学习资源。数字化智能协同系统可以根据学生的学习情况和行为习惯，智能推荐适合学生的学习资源。教师可以通过系统向学生推荐相关的学习资源，帮助学生更好地掌握知识和技能。

（3）提升教学效率和学习效果。数字化智能协同系统可以帮助教师更加高效地完成教学任务，减轻教学负担。同时，智能推荐学习资源、自动化答疑解惑等服务可以提高学生的学习积极性和参与度，提升学习效果。

（五）数字化智能协同的优势

数字化智能协同具有很多优势，比如可以提升教学效率和学习效果，可以提供个性化、精准化的学习资源和服务，可以减轻教师的教学负担，可以提高学生的学习积极性和参与度等。

1. 提高教学效率。数字化智能协同可以提高教学效率。通过自动化批改作业、智能推荐学习资源、自动化答疑解惑等，教师可以更快速地获取学生的学习反馈，更加精准地指导学生的学习。同时，数字化智能协同还可以帮助教师进行课程设计和教学方案制定，提高教学质量和效率。

例如，通过数字化智能协同，教师可以自动批改学生的作业，快速获取学生的学习情况，了解学生的知识掌握程度。同时，根据学生的学习行为和习惯，数字化智能协同可以智能推荐适合学生的学习资源，帮助学生更好地掌握知识和技能。这些功能可以提高教师的教学效率和质量。

2. 提升学习效果。数字化智能协同可以提升学习效果。通过智能推荐学习资源、自动化答疑解惑、口语测评等，学生可以更快速地获取学习资源和知识，更加个性化地进行学习。同时，数字化智能协同还可以帮助学生进行自我评估和反思，提升学习效果和自主学习能力。

例如，通过数字化智能协同，学生可以获得智能推荐的学习资源，根据自己的学习需求和兴趣进行个性化学习。同时，数字化智能协同还可以提供自动化答疑解惑和口语测评等服务，帮助学生更好地掌握知识和技能。

3. 提供个性化、精准化的学习资源和服务。数字化智能协同可以提供个性化、精准化的学习资源和服务。通过分析学生的学习行为和习惯，数字化智能协同可以为学生提供更加个性化、精准化的学习资源和服务，满足不同学生的需求和兴趣。

例如，数字化智能协同可以通过分析学生的学习行为和习惯，了解学生的学习兴趣和需求，然后提供与之匹配的学习资源和服务。对于喜欢文学的学生，数字化智能协同可以推荐相关的文学作品和文学类课程；对于喜欢数学的学生，数字化智能协同可以推荐相关的数学题目和数学类课程。这些个性化、精准化的学习资源和服务可以满足不同学生的需求和兴趣。

4. 减轻教师的教学负担。数字化智能协同可以减轻教师的教学负担。通过自动化批改作业、智能推荐学习资源、自动化答疑解惑等，教师可以更加高效地完成教学任务，更加专注于教学设计和学生指导。

例如，通过数字化智能协同，教师可以自动批改学生的作业，减轻了手工批改作业的负担。同时，数字化智能协同还可以根据学生的学习行为和习惯，智能推荐适合学生的学习资源，帮助教师更好地进行课程设计和教学方案制定。这些功能可以帮助教师更加高效地完成教学任务，更加专注于教学设计和学生指导。

5. 提高学生的学习积极性和参与度。数字化智能协同可以提高学生的学习积极性和参与度。通过智能推荐学习资源、自动化答疑解惑、口语测评等，学生可以更加个性化地进行学习，提高学习积极性和参与度。同时，数字化智能协同还可以为学生提供更加多样化的学习方式和体验，满足不同学生的学习需求。

例如，通过数字化智能协同，学生可以获得智能推荐的学习资源，根据自己的学习需求和兴趣进行个性化学习。同时，数字化智能协同还可以提供自动化答疑解惑和口语测评等服务，帮助学生更好地掌握知识和技能。这些功能可以提高学生的学习积极性和参与度，满足不同学生的学习需求。

二、混合式教学中数字化智能协同的路径

这些策略可以帮助混合式教学更好地利用数字化智能协同，提升教学质量和学生学习效果。同时，也需要注意保护学生的个人信息和隐私，确保安全可靠地使用数字化智能协同。

（一）个性化学习

数字化智能协同可以根据每个学生的学习风格、进度和需求，提供个性化的学习方案。例如，通过分析学生的学习数据，系统可以推荐适合他们的学习资源，实现精准教学。这种个性化学习的方式可以更好地满足学生的个性化需求，提升学习效果。

1. 学习数据分析。通过分析学生的学习数据，系统可以了解学生的学习风格、进度和需求。例如，通过分析学生答题的正确率、答题时间、答题次数等数据，可以了解学生对相关知识点掌握的程度，为后续的教学提供参考。

2. 智能推荐学习资源。根据学生的学习数据和分析结果，系统可以自动推荐适合学生的学习资源。例如，对于掌握程度较差的学生，系统可以推荐相关知识点的学习视频、练习题和拓展资料等，实现精准教学。

3. 制订个性化学习计划。根据学生的学习数据和分析结果，系统可以制订个性化的学习计划。例如，对于学习进度较快的学生，系统可以推荐一些拓展性的学习资源，帮助他们更好地提高自己的学习能力；对于学习进度较慢的学生，系统可以制订详细的学习计划，帮助他们更好地掌握基础知识。

（二）增强交互性

混合式教学中的数字化智能协同可以通过增强师生、生生之间的交互性来提升学习效果。例如，利用实时通信工具或在线论坛，可以实现及时的问题解答和讨论，促进知识的共享和理解。这种交互方式可以促进师生之间的交流，也可以帮助学生更好地理解和掌握知识。

1. 实时通信工具。利用实时通信工具，如即时消息、在线聊天室等，可以实现师生之间的及时沟通，进行问题解答和讨论。这样不仅可以帮助学生解决学习中遇到的问题，还可以促进师生之间的交流和互动。

2. 在线论坛。在线论坛可以提供一个开放的平台，供学生和学生之间进行交流和讨论。通过在线论坛，学生可以分享学习经验、讨论课程问题、发布学习资源等，促进知识的共享和理解。

3. 协作工具。数字智能化协同技术还可以提供一些协作工具，如在线文档编辑器、实时编辑器等，供学生之间进行协同学习和合作。通过这些工具，学生可以共同完成学习任务，促进相互学习和知识共享。

（三）智能评估和反馈

数字化智能协同可以帮助教师进行精准评估，并及时提供反馈。例如，利用智能批改系统自动批改作业，可以提供实时反馈，帮助学生及时发现并解决学习问题。这种评估和反馈的方式可以更好地帮助学生了解自己的学习情况，提升学习效果。

1. 智能批改系统。利用智能批改系统，可以自动批改学生作业，并提供实时反馈。这种系统可以根据教师预设的批改规则和标准，对学生作业进行自动评分和评价，同时还可以提供具体的反馈意见和建议，帮助学生更好地了解自己的学习情况。

2. 机器学习算法。机器学习算法可以对学生的学习行为和习惯进行分析，提供个性化的学习建议和反馈。例如，根据学生的学习记录、答题情况等数据，可以分析出他们的学习特点和问题，为他们提供有针对性的学习建议和反馈。

3. 在线测试和练习。数字化智能协同技术还可以提供在线测试和练习，帮助学生进行自我检测和评估。通过在线测试和练习，学生可以随时随地进行自我测试和练习，了解自己的学习进度和掌握程度，同时还可以得到系统自动反馈，及时发现并解决学习问题。

（四）适应性和灵活性

混合式教学中的数字化智能协同需要具备适应性和灵活性，能够根据教学需求和学习进程进行动态调整。例如，根据学生的学习进度和表现，可以自动调整教学计划和任务分配，确保教学与学习的适应性。这种适应性和灵活性可以更好地满足学生的学习需求，提升教学效果。

1. 自适应学习系统。自适应学习系统可以根据学生的学习进度和表现，自动调整教学计划和任务分配。这种系统可以根据学生的学习状况和需求，智能匹配适合他们的学习资源和路径，提供个性化的学习体验。

2. 智能课程管理系统。利用智能课程管理系统，教师可以根据学生的学习情况和需求，动态调整教学内容和策略。例如，根据学生的作业完成情况，教师可以自动调整课堂讲解的重点和难点，使其更好地适应学生的学习需求。

3. 在线测试和练习。通过在线测试和练习，教师可以实时了解学生的学习进度和掌握程度，根据学生的表现，动态调整教学计划和任务分配。例如，根据学生的答题情况，教师可以了解他们的知识点掌握程度，有针对性地进行教学补充或加强。

4. 灵活的学习安排。利用数字化智能协同技术，可以灵活安排学生的学习时间和地点，适应不同的学习需求和学习进程。例如，通过在线学习平台，学生可以在任何时间和地点进行学习和交流，适应他们的学习节奏和需求。

（五）安全性和隐私保护

在数字化智能协同中，需要确保学生的个人信息和隐私得到充分保护，避免数据泄露和滥用。例如，采用严格的数据安全措施，保护学生个人信息，只将必要的数据用于教学评估和反馈。这种安全性和隐私保护的方式可以更好地保护学生的个人信息和隐私，确保安全可靠地使用数字化智能协同。

1. 数据加密和安全存储。采用严格的数据加密和安全存储措施，确保学生的个人信息和数据得到妥善保管，避免数据泄露和滥用。可以采用云存储、加密数据库等安全措施，确保数据的安全性和可靠性。

2. 最小化数据收集。在数字化智能协同中，只收集必要的学生个人信息和数据，不收集无关的数据，以减少数据泄露和滥用的风险。例如，只收集学生的姓名、学号、成绩等必要信息，不收集个人身份信息和其他敏感信息。

3. 数据去标识和匿名化。采用数据去标识和匿名化技术，将学生个人信息和数据进行匿名处理，避免数据泄露和滥用。例如，将学生姓名替换为编号，将个人信息中的敏感信息进行匿名化处理。

4. 实时监控和防护。对数字化智能协同系统进行实时监控和防护，防止恶意攻击和数据泄露。可以采用防火墙、入侵检测系统等技术，确保系统的安全性和稳定性。

5. 制定隐私政策和用户协议。制定明确的隐私政策和用户协议，明确收集哪些数据、如何使用数据、如何保护数据等事项，以便学生和家长了解并同意数据收集和使用的方式。

三、数字化智能协同需要注意的问题

（一）系统稳定性和可靠性

数字化智能协同系统需要稳定可靠地运行，才能保证协同工作的效率和准确性。

1. 选择稳定可靠的智能化协同系统。在选择智能化协同系统时，需要选择经过充分测试和验证的系统，确保其稳定可靠地运行。同时，需要对系统进行定期维护和更新，以确保其正常运行。

2. 保证系统的安全性。智能化协同系统需要防范各种网络安全威胁，如黑客攻击、病毒、木马等。因此，需要采取严格的网络安全措施，如安装防火墙、入侵检测系统等，确保系统的安全性。

3. 保证系统的可扩展性。随着教学需求的不断变化和技术的发展，智能化协同系统需要具备可扩展性，以适应不断变化的需求。因此，需要选择可扩展的架构和组件，以便根据需要进行扩展和升级。

4. 提供备份和恢复机制。为了防止系统故障或崩溃导致的数据损失，需要提供备份和恢复机制，定期备份数据并能够快速恢复系统。

（二）用户参与度和适应性

智能化协同需要用户的积极参与和适应，才能发挥最大的作用。

1. 提供用户培训和支持。为了帮助用户更好地适应和使用智能化协同系统，需要提供相应的培训和支持，如操作手册、在线帮助等，以便用户能够快速掌握系统的使用方法。

2. 激励用户积极参与。为了激励用户积极参与智能化协同，需要制定相应的激励措施，如奖励机制、社交互动等，增强用户的参与感和归属感。

3. 关注用户的反馈和建议。智能化协同系统需要根据用户的需求和反馈进行不断优化和改进。

（三）系统集成和互操作性

智能化协同系统可能涉及多个不同的工具和平台，需要保证其集成和互操作性。

1. 选择可集成和可扩展的智能化协同系统。在选择智能化协同系统时，需要选择可集成和可扩展的系统，以便根据需要进行扩展和与其他系统的集成。

2. 确保不同工具和平台之间的集成和互操作性。智能化协同系统涉及多个不同的工具和平台，需要确保其之间的集成和互操作性，以便不同工具和平台之间进行数据共享和协同工作。

3. 提供标准的接口和协议。为了保证不同系统之间的集成和互操作性，需要提供标准的接口和协议，如 API、XML 等，以便不同系统之间进行数据交换和协同工作。

（四）遵守法律法规和合规性

智能化协同涉及多个领域和行业，需要遵守相关的法律法规和合规要求，如教育行业的隐私政策、数据保护法规等。因此，需要确保系统的合法性和合规性。

1. 对敏感数据进行脱敏和加密处理。对于涉及个人隐私的敏感数据，需要进行脱敏和加密处理，以确保数据的保密性和安全性。

2. 定期进行合规性和安全性检查。为了确保智能化协同系统的合规性和安全性，需要定期进行合规性和安全性检查，及时发现和解决潜在的问题和风险。

第三节　关注生命成长

一、多途径英语学科教学育人

英语学科育人是指通过英语学科的教学，实现育人的目标，促进学生的全面发展。

（一）核心素养育人

1. 语言能力。

语言能力是英语学科核心素养的基础，包括听说读写等各方面的能力。在初中英语教学中，培养学生的语言能力，主要是让学生掌握英语基础语法、词汇、语音和语用知识，能够进行基本的英语口语和书面交流。同时，也包括培养学生的英语听说读写技能，让学生能够通过阅读、听力、口语和写作等方式获取信息、表达思想和交流情感。

（1）英语基础语法和词汇。

英语基础语法和词汇是英语语言学习的基础，学生需要掌握基本的英语语法规则和词汇，这是培养语言能力的前提。其中，语法规则包括动词、名词、代词、形容词、副词等语法范畴，学生需要了解这些范畴的正确用法和搭配。词汇方面，学生需要掌握常用的英语单词和短语，并且能够正确地运用它们。

（2）英语听说读写技能。

英语听说读写技能是语言能力的重要组成部分，学生需要能够听懂简单的英语会话和短文，能够用英语进行基本的口语交流，能够读懂简单的英语文章，能够写出简单的英语句子和短文。这些技能的培养需要通过大量的实践和训练，教师可以利用课堂教学和课外实践活动等多种方式，为学生提供更多的语言实践机会。

（3）用英语获取信息和表达思想的能力。

学生需要能够通过阅读、听力、口语和写作等方式获取信息，并且能够用英语表达自己的思想和情感。在阅读方面，学生需要掌握基本的阅读技巧，如略读、扫读、预测等，能够从阅读材料中获取信息和理解文章主旨。在听力方面，学生需要能够听懂日常用语和短文，并且能够理解其中的信息和意图。在口语方面，学生需要能够用英语进行基本的交流和表达，能够表达自己的思想和情感。在写作方面，学生需要能够写出简单的英语句子和短文，能够表达自己的观点和想法。

（4）英语语用能力。

英语语用能力是语言能力的重要组成部分，学生需要了解英语语言的语用规则，包括礼貌用语、常用表达、习惯用法等，能够在恰当的语境中使用恰当的语言形式。教师可以通过课堂教学和情景模拟等方式，让学生了解以英语为母语的国家的文化背景和语言习惯，帮助学生掌握正确的语用规则。

2. 文化意识。

文化意识是英语学科核心素养的重要方面，主要是让学生了解以英语为母语的国家的文化、历史、风俗等方面的知识，培养学生的跨文化意识和跨文化能力。通过了解以英语为母语的国家的文化背景和价值观，学生可以更好地理解英语语言的内涵和外延，更好地适应多元文化环境，并能够在跨文化交流中展现出文化尊重和理解。

（1）了解以英语为母语的国家的文化背景和价值观。

文化背景和价值观是语言理解的重要因素，学生需要了解以英语为母语的国家的文化背景和价值观，包括传统习俗、生活方式、社交礼仪、价值观念等。这些背景和价值观会影响英语的表达方式和语用规则，了解这些背景和价值观可以更好地理解英语语言的内涵和外延，更好地理解英语表达的意义和情感色彩。

（2）培养跨文化意识。

跨文化意识是指对不同文化之间的差异和冲突的理解和包容，这是进行跨文化交流的基础。学生需要了解不同文化的特点和价值观的差异，能够以开放、包容、尊重的态度参与跨文化交流，避免文化偏见和歧视。

（3）培养跨文化能力。

跨文化能力是指在跨文化交流中具备应有的文化适应能力和文化交流能力。学生需要能够适应不同的文化环境和交流方式，了解如何运用语言和交际技巧进行有效的跨文化交流。这包括文化适应能力、语言表达能力、跨文化沟通能力等方面的能力。

（4）培养文化自信和文化认同感。

文化自信和文化认同感是指对自身文化的认同和自信，同时也能够欣赏和尊重其他文化。学生需要了解和传承自身的文化传统和价值观，同时也要以开放、包容、尊重的态度参与跨文化交流，建立跨文化的友谊和合作。这有助于学生更好地认识和理解自身文化，增强文化自信和文化认同感，也能够促进不同文化之间的交流和理解。

3. 思维品质。

思维品质是英语学科核心素养的关键方面，主要是通过英语学科的教学，培养学生的思维能力和思维品质。通过英语阅读、写作、口语等活动，引导学生进行深入思考和探究，培养学生的批判性思维和创新思维。同时，也包括培养学生的英语逻辑思考能力和问题解决能力，让学生能够用英语进行逻辑思考和解决问题。

（1）培养批判性思维。

批判性思维是指学生能够运用分析和评价的方法，对英语语言和文化的信息进行筛选、判断和评价的能力。在英语学科中，批判性思维包括对文本的理解、分析、评价和判断，以及对文化信息的解读和评价。通过英语阅读、写作、口语等活动，教师可以引导学生深入思考和探究，培养学生的批判性思维，让学生能够运用分析和评价的方法对英语语言和文化进行审视和思考。

（2）培养创新思维。

创新思维是指学生能够运用想象和创造的方法，对英语语言和文化的信息进行创新和创造的能力。在英语学科中，创新思维包括对文本的创新理解、对文化信息的创新解读，以及用英语进行创新表达的能力。通过英语写作、口语、项目等活动，教师可以引导学生进行创新思考和实践，培养学生的创新思维，让学生能够运用想象和创造的方法对英语语言和文化进行创新和创造。

（3）培养逻辑思维能力。

逻辑思维能力是指学生能够运用逻辑推理和论证的方法，对英语语言和文化的信息进行逻辑分析和推理的能力。在英语学科中，逻辑思维能力包括对文本的逻辑分析、对文化信息的逻辑解读，以及用英语进行逻辑表达的能力。通过英语阅读、写作、语法等活动，教师可以引导学生进行逻辑思考和推理，培养学生的逻辑思维能力，让学生能够运用逻辑推理和论证的方法对英语语言和文化进行逻辑分析和推理。

（4）培养问题解决能力。

问题解决能力是指学生能够运用英语进行问题分析、解决和创新的能力，包括问题识别、问题分析、解决方案设计等能力。在英语学科中，问题解决能力包括用英语进行问题分析、解决方案的设计和实施，以及对问题解决的评估和反思。通过英语阅读、写作、口语等活动．教师可以引导学生进行问题分析和解决，培养学生的问题解决能力，让学主能够运用英语进行问题分析和解决。

4. 学习能力。

学习能力是英语学科核心素养的重要方面，主要是培养学生的学习能力。通过引导学生掌握学习策略和方法，提高学生的自我认知和自我管理能力，让学生能够主动学习、独立思考、合作探究，以适应不断变化的学习环境和未来的发展需求。同时，也包括培养学生的合作学习和终身学习的意识，让学生具备适应未来不断学习和发展的能力。

（1）培养自主学习能力。

自主学习能力是指学生能够自主规划、实施和管理自己的学习过程和成果的能力，包括制订学习计划、选择学习策略、监控学习进程、评估学习效果等。在英语学科中，自主学习能力包括能够自主选择适合的学习资源、制订学习计划和目标、实施学习并进行自我评估的能力。通过引导学生掌握学习策略和方法，教师可以帮助学生提高自主学习能力，让学生能够自主地适应不同的学习环境和任务要求。

（2）培养深度学习能力。

深度学习能力是指学生能够独立思考、发现问题、解决问题的能力，包括对知识的获取、理解、记忆、应用、创新等能力。在英语学科中，学习能力包括能够通过阅读、听力、口语、写作等方式获取信息，理解并运用语法、词汇、语音等知识，能够进行基本的英语口语和书面交流。通过引导学生进行思考、分析、推理和实践，教师可以帮助学生提高学习能力，让学生能够运用所学知识解决实际问题。

（3）培养合作学习能力。

合作学习能力是指学生能够与他人合作共同学习、探究和解决问题的能力，包括团队合作、协作沟通、分享交流等能力。在英语学科中，合作学习能力包括能够与他人进行英语交流、合作完成小组任务、与他人分享学习成果的能力。通过组织小组学习、合作学习等活动，教师可以帮助学生培养合作学习能力，让学生能够与他人合作共同完成任务。

（4）培养终身学习意识。

终身学习意识是指学生具备终身学习的意识和能力，能够持续不断地学习和成长，适应未来的发展需求。在英语学科中，终身学习意识包括对英语语言和文化的学习保持兴趣和好奇心，对不断学习和提高自己的英语能力有积极的态度和行动。通过培养学生的自主学习能力、合作学习能力等，教师可以帮助学生树立终身学习意识，让学生具备适应未来不断学习和发展的能力。

（二）跨学科育人

在英语混合式教学中，跨学科育人具有重要意义。通过将英语学科与其他学科相结合，可以帮助学生更好地理解英语知识，提高他们的综合素质。

1. 与语文学科结合。

英语和语文都是语言学科，它们之间有很多相通之处。在英语教学中，可以结合语文学科的知识，如修辞、语言表达方式等，帮助学生更好地理解英语表达的技巧。

（1）阅读理解。

在英语和语文学科中，阅读理解是一项重要的能力。通过对比英语和汉语文章的结构和重点难点，可以帮助学生更好地掌握不同语言的阅读技巧。例如，在英语中，长句和从句的结构往往比较复杂，而汉语则更注重语义和语境的理解。通过对比两种语言的阅读理解方式，学生可以更好地掌握不同语言的阅读技巧。

（2）写作训练。

英语和语文学科都有写作训练，通过比较英语和汉语的写作规范、语法和表达方式，可以帮助学生提高不同语言的写作能力。例如，在英语中，段落结构通常是由主题句、支撑句和结论句组成，而汉语则更注重文章的意境和文学性。通过对比两种语言的写作规范，学生可以更好地掌握不同语言的写作技巧。

（3）语言思维。

英语和语文学科都涉及语言思维，通过引导学生对比不同语言的思维方式、语言逻辑等，可以帮助学生建立跨语言的思维能力。例如，在英语中，时间和动作的顺序通常是由前到后依次排列，而汉语则更注重时间顺序和动作的连贯性。通过对比两种语言的思维方式，学生可以更好地理解不同语言的逻辑和表达方式。

2. 与数学学科结合。

英语和数学学科的结合可以帮助学生更好地理解英语中的数量、时间等概念。在英语教学中，可以通过引入数学表达式、图表等，帮助学生更好地理解英语中的相关表达。

（1）数量概念的理解。

在英语和数学学科中，数量概念的表达方式有相似之处。例如，英语中的“two thousand four hundred and fifty-six”对应数学中的“2456”。通过引入数学表达式和图表，可以帮助学生更好地理解数量概念的表达方式，避免出现误解或混淆的情况。

（2）时间概念的理解。

英语和数学学科中都有涉及时间概念的内容。在英语教学中，引入数学表达式和图表可以帮助学生更好地理解时间的顺序、周期等概念。例如，在描述一个循环过程时，可以引入数学中的周期性图表，让学生更好地理解循环的概念和表达方式。

（3）图表的理解。

图表是一种常见的表达方式，可以帮助学生更好地理解英语中的数量、时间等概念。在英语教学中，引入数学图表、统计图表等可以帮助学生更好地理解英语中的图表表达方式。例如，在讲解增长率时，可以引入数学中的柱状图或折线图，让学生直观地理解增长的概念和表达方式。

3. 与科学学科结合。

英语和科学学科的结合可以帮助学生更好地理解科学知识，同时也可以提高他们的英语阅读和理解能力。在英语教学中，可以通过引入科学实验、研究报告等，帮助学生更好地理解英语中的科学表达。

（1）科学实验的表达。

在英语中，科学实验的表达往往需要使用一些科学术语和实验方法。在英语教学中，可以通过引入科学实验的英语表达，帮助学生更好地理解科学实验的方法和过程。例如，在讲解实验报告时，可以引入科学实验的报告范文，让学生了解实验报告的写作规范和表达方式。

（2）科学研究的表达。

在英语中，科学研究的表达需要使用一些科学研究的方法和术语。在英语教学中，可以通过引入科学研究的报告和论文，帮助学生更好地理解科学研究的写作规范和表达方式。例如，在讲解科学研究的方法和过程时，可以引入相关的研究报告和论文，让学生了解科学研究的过程和写作规范。

（3）科学知识的理解。

在英语中，科学知识的表达需要使用一些科学概念和术语。在英语教学中，可以通过引入相关的科学知识，帮助学生更好地理解科学知识的表达方式。例如，在讲解地球的相关知识时，可以引入地理学、天文学等相关知识，让学生了解地球的相关概念和表达方式。

4. 与艺术学科结合。

英语和艺术学科的结合可以帮助学生更好地理解艺术作品，同时也可以提高他们的英语表达和欣赏能力。在英语教学中，可以通过引入艺术作品、音乐、电影等，帮助学生更好地理解英语中的艺术表达。

（1）艺术作品的介绍。

通过引入各种艺术形式的作品，如绘画、音乐、雕塑、电影等，学生可以更好地理解英语中的艺术表达。在英语教学中，可以选择一些具有代表性的艺术作品进行介绍，如讲解文艺复兴时期的艺术时，可以引入达·芬奇的画作《蒙娜丽莎》等，让学生了解那个时期的艺术风格和表达方式。

（2）艺术评论的讲解。

艺术评论是对艺术作品的评价、分析、解读等内容的表达。通过引入艺术评论的范文或实例，学生可以了解艺术评论的写作规范和表达方式。如在讲解某幅画作时，可以引入专业的艺术评论，让学生了解评价的维度和表达方式，从而更好地理解艺术作品。

（3）艺术背景的介绍。

艺术背景知识可以帮助学生更好地理解艺术作品背后的故事和表达方式。在英语教学中，可以引入相关的艺术背景知识，如艺术家的人生经历、文化背景、创作灵感等，让学生了解艺术作品背后的历史、文化和社会背景。如在讲解某个艺术流派的发展历程时，可以引入相关的艺术史知识和代表作品，让学生了解艺术流派的形成过程和表达方式。

（三）德育育人

初中英语教学中的德育是一个重要的教育内容，它旨在培养学生的道德品质和人文素养。

1. 精选德育内容。

选择适合的英语课文或阅读材料，以传递积极的道德价值观。

（1）依据课程目标选择课文。

选择与德育相关的主题和课文，可以根据课程目标和教材内容来确定。例如，英语课程中可能包含关于友谊、家庭、责任、尊重和爱等主题的课文，这些主题与学生的日常生活密切相关，可以更好地引导学生进行讨论和思考。

（2）选择具有积极价值观的课文。

选择具有积极价值观的课文可以传递正面的道德观念。例如，可以选择强调诚信、公正、勇气、宽容、同情心等主题的课文，这些价值观可以帮助学生建立正确的道德观念，促进其个人成长和发展。

（3）提供具有启发性的阅读材料。

除了课文之外，还可以提供一些具有启发性的阅读材料，如寓言故事、名人传记、小说等。这些材料可以引导学生思考道德问题，培养其批判性思维和价值观选择的能力。

2. 创造道德情境。

通过角色扮演、小组讨论或个人反思等方式，创造道德情境，让学生思考和探讨在现实生活中如何应用所学的道德价值观。

（1）角色扮演。

角色扮演是一种让学生通过扮演不同的角色来体验和理解道德问题的方法。教师可以设计一些涉及道德问题的情境，让学生扮演不同的角色，以便更好地理解道德问题，并思考如何在现实生活中应用所学的道德价值观。例如，教师可以设计一个涉及诚信和责任的英语情境，让学生扮演不同的角色并在过程中体验和思考如何实践这些道德价值观。

（2）小组讨论。

小组讨论是一种有效的创造道德情境的方法，可以让学生通过英语方式交流观点、分享经验来深入探讨如何在现实生活中应用所学的道德价值观。教师可以设计一些涉及道德问题的英语讨论主题，让学生进行小组讨论。例如，教师可以设计一个关于网络道德的讨论主题，让学生讨论如何在互联网上遵守道德规范。通过小组讨论，学生可以交流想法和观点，深入探讨如何在现实生活中应用这些道德价值观。

（3）个人反思。

个人反思是一种让学生通过反思自己的行为和思想来理解道德问题的方

法。教师可以引导学生进行个人反思，让他们思考自己在现实生活中如何应用所学的道德价值观。例如，教师可以引导学生用英语表达方式反思自己在日常生活中是否遵循了诚信和公正的价值观，是否有过失信于人的行为，并思考如何改进自己的行为和思想。通过个人反思，学生可以更好地理解道德问题，并找到改进自己的方法和途径。

3. 加强师生互动。

建立积极互动的课堂氛围，鼓励学生表达自己的观点和情感。通过分享个人经历、讨论电影或小说中的角色等，引导学生思考和探索道德问题。

（1）建立积极互动的课堂氛围。

建立积极互动的课堂氛围是加强师生互动的关键。教师可以采用多种方法来创造一个积极互动的课堂氛围，如使用鼓励性语言、给予正面反馈、设计有趣的活动等。通过营造一个轻松、愉快、积极的课堂氛围，可以鼓励学生积极参与课堂互动，表达自己的观点和情感。这样，学生可以更好地参与到课堂学习中，与教师形成良好的互动关系，提升学习效果。

（2）引导学生表达自己的观点和情感。

引导学生用英语表达自己的观点和情感是加强师生互动的重要步骤。例如，教师可以组织小组讨论，让学生分享自己对某个道德问题的看法和体验，听取他人的观点，进行交流和互动。通过这种方式，教师可以更好地了解学生的想法和需求，更好地引导他们思考和探索道德问题。

（3）采用多样化的互动方式。

采用多样化的互动方式可以加强师生互动的效果。教师可以采用多种方式来加强师生互动，如提问、小组讨论、角色扮演、案例分析等。通过采用多样化的互动方式，可以激发学生的学习热情和参与意识，提升课堂互动的效果。例如，教师可以提出一个具有争议性的话题，让学生进行小组讨论，然后在课堂上分享和讨论不同的观点，这种方式可以提升学生的思考和表达能力，同时也可以增强师生之间的互动关系。

4. 以身作则。

作为教师，要以身作则，树立良好的道德榜样。通过自己的言行举止，传递尊重、诚信、公正和责任感等价值观，对学生产生积极的影响。

（1）树立良好的道德榜样。

英语教师作为学生的楷模和引导者，应该树立一个良好的道德榜样，表现出高尚的品德和道德行为。这可以通过言行举止、对待他人的态度表现出来。例如，教师应该遵守教学纪律，做到公正公平，对学生认真负责，以实际行动向学生传递正确的价值观。教师还应该注重自己的仪表形象，穿着得体、言行得当，给学生留下良好的印象。

（2）尊重学生。

英语教师应该尊重学生的人格和权利，不得歧视学生或侵犯学生的权益。在课堂教学中，教师应该以平等和民主的态度对待学生，听取学生的意见和建议，尊重学生的选择和决定。例如，教师应该避免使用带有歧视性的语言，尊重学生的种族、性别、宗教信仰等个人特征。同时，教师还应该关注学生的个性差异，因材施教，为学生提供适合他们需求的教学服务。

（3）诚信教学。

英语教师应该做到诚信教学，严谨治学，不断提高自己的学术水平和教学能力，为学生提供高质量的教学服务。例如，教师应该准确掌握教学内容，遵循教学大纲，合理安排教学进度，认真批改学生的作业和试卷，并及时反馈给学生。同时，教师还应该关注学术诚信问题，教育学生遵守学术规范，不得有抄袭、剽窃等不当行为。

（4）培养学生的责任感。

英语教师应该注重培养学生的责任感，让他们明确自己的学习任务和责任。例如，教师可以组织小组活动，让学生合作完成任务，培养他们的团队合作精神和责任感。教师还可以通过布置作业、考核等方式，让学生明确自己的学习任务和责任，培养他们的自律性和责任感。同时，教师还应该关注学生的个性发展，鼓励学生在学习中发挥自己的特长和优势，增强他们的自信心和责任感。

5. 开展德育活动。

组织与德育相关的活动，如英语辩论赛、社区服务、志愿者活动等，让学生在实践中体验和应用道德价值观。

（1）英语辩论赛。

组织英语辩论赛可以培养学生的批判性思维和表达能力，同时也可以帮助学生深入探讨道德问题。教师可以选取一些涉及道德问题的主题，如“是否应该支持死刑”“是否应该使用动物进行实验”等，引导学生进行英语辩论。在辩论过程中，教师可以给予学生适当的指导和反馈，引导学生用英语表达自己的观点和立场，并尊重他人的观点和意见。通过这种方式，可以帮助学生深入思考道德问题，培养他们的思辨能力和英语表达能力。

（2）志愿者活动。

组织志愿者活动可以让学生参与到社会公益事业中，培养学生的社会责任感和公益意识。教师可以组织学生参与各种志愿者活动，如帮助贫困家庭、参与慈善义卖等，让学生在实践中体验和应用道德价值观。在志愿者活动中，教师可以给予学生适当的指导和支持，引导学生积极参与公益事业，关注弱势群体的权益和福利。通过这种方式，可以培养学生的社会责任感和公益意识，促进他们的道德发展和社会实践能力的提升。

二、智能化时代英语教学关注学生全面发展

基于英语教学促进学生德智体美劳全面发展是一个重要的教育目标。在英语教学中，教师可以采取多种方法，促进学生全面发展。

（一）德育育人

英语教学可以与德育有效结合，帮助学生培养良好的品质和道德判断能力。

1. 选择具有积极意义的英文电影或小说。

选择一些具有积极意义的英文电影或小说，可以为学生提供有益的榜样和引导。如《阿甘正传》中的阿甘和《百万宝贝》中的女主角都具有坚韧不拔、积极向上的精神，他们的行为和决策可以启发学生对良好品质问题的思考和理解。这些电影或小说中描绘的人物和情节可以为学生提供生动的教育素材，让他们在欣赏故事的同时，感受到良好品质的力量和价值。

2. 引导学生探讨品质问题。

在观影或阅读活动之后，教师可以组织学生进行讨论，引导学生探讨其中所涉及的品质问题。讨论可以以小组或班级为单位进行，让学生自由表达自己的观点和想法。通过讨论和交流，学生可以进一步深入思考，培养他们的思辨能力和沟通能力。教师可以在讨论过程中给予适当的引导和反馈，鼓励学生提高探究问题的深度和广度，激发他们的思考和表达能力。

3. 结合课程内容进行德育渗透。

教师可以结合课程内容，将德育内容渗透到英语教学中。例如，在讲述某个单词或语法结构时，可以结合相关的故事或案例进行讲解，让学生在学习语言知识的同时也接受德育的熏陶。在讲解课文或阅读材料时，可以引入相关的德育主题或问题，引导学生进行思考和讨论。通过这种结合方式，英语教学不仅可以提高学生的语言技能，还可以在潜移默化中培养学生的道德观念和价值观念。

4. 引导学生将道德观念应用到实际生活中。

教师可以引导学生将所学的道德观念应用到实际生活中，例如，让学生以小组为单位，设计一个公益活动方案，帮助社会上的弱势群体。这种实践活动可以让学生将所学的道德观念与现实生活联系起来，加深对道德观念的理解和体验。同时，实践活动还可以培养学生的团队合作能力、组织协调能力和社会责任感，有助于他们的全面发展。

（二）智育育人

通过多种教学活动的设计和实施，英语教学可以有效地促进学生的智育发展。

1. 阅读理解。

阅读理解可以培养学生的阅读能力和思维能力。通过阅读具有思考价值的文章或报道，学生可以接触到不同的主题和观点，拓宽自己的视野和知识面。在阅读理解过程中，教师可以给予适当的指导和反馈，引导学生深入理解文章的主旨和细节，鼓励学生提出自己的问题和观点，进一步激发学生的思维能力和阅读能力。

2. 听力训练。

听力训练可以培养学生的跨文化交流能力和思维能力。通过听力训练，学生可以接触到不同的听力材料，如讲座、新闻、访谈等，提高自己的听力水平。在听力训练过程中，教师可以给予适当的指导和反馈，引导学生深入理解听力材料的主旨和细节，鼓励学生发表自己的观点和看法，进一步激发学生的思维能力和交流能力。

3. 写作练习。

写作练习可以培养学生的思维能力和表达能力。通过写作练习，学生可以锻炼自己的语言表达能力和写作技巧，如作文、日记、评论等。在写作练习过程中，教师可以给予适当的指导和反馈，引导学生深入思考和表达自己的观点和想法，进一步激发学生的思维能力和表达能力。

（三）体育育人

英语教学中可以设计多种活动，让学生在锻炼身体素质的同时，也能感受到英语文化的魅力。

1. 英语歌曲演唱。

英语歌曲演唱是一种有趣且充满活力的身体活动，可以让学生在锻炼身体的同时，感受英语文化的魅力。教师可以选择一些适合学生的英语歌曲，涵盖多种风格和主题，如流行、古典、爵士等。通过演唱和舞蹈表演，学生可以锻炼自己的身体协调能力和音乐节奏感，同时也可以培养自己的艺术鉴赏能力。在演唱过程中，教师可以给予适当的指导和反馈，引导学生掌握正确的发音和语调，提高他们的英语口语水平。

2. 英语游戏。

英语游戏是一种有趣且具有互动性的身体活动，可以让学生在游戏中锻炼身体和口语表达能力。教师可以选择一些适合学生的英语游戏，如英语版的“萝卜蹲”“抢椅子”等，让学生在游戏中锻炼反应能力和身体灵活性。通过游戏，学生可以在轻松愉快的氛围中学习英语，同时也可以提高自己的身体综合素质。在游戏过程中，教师可以给予适当的指导和引导，让学生更好地掌握英语语言知识。

（四）美育育人

美育是教育的重要组成部分，可以培养学生欣赏美、创造美的能力和素养。在英语教学中，引入相关的美学内容，可以让学生更深入地了解英语文化，提升他们的审美观和人文素养。

1. 阅读和欣赏英语文学作品。

通过阅读和欣赏英语文学作品，可以让学生更深入地了解英语文化，感受其多样性和深度。例如，通过阅读《草叶集》中的诗歌，学生可以感受到自然美、人性美和哲理美的表达；通过阅读《了不起的盖茨比》这部小说，学生可以了解 20 世纪 20 年代美国社会现实和人文风貌。通过阅读和欣赏这些文学作品，学生可以拓宽自己的视野，培养自己的审美观和人文素养。

2. 引入艺术元素进行英语教学。

将艺术元素引入英语课堂，可以让学生更直观地感受英语文化的美。通过欣赏英语绘画、音乐、电影等艺术形式，学生可以更深入地了解英语的韵律、节奏和表达方式。例如，通过引入画家透纳、卢梭等人的作品，学生可以感受到绘画作品中的色彩、线条和构图的魅力；通过播放经典的英语电影或音乐，学生可以在视听享受中了解英语文化。通过引入艺术元素，可以增强学生对英语文化的感知和理解。

3. 组织美学主题的讨论和活动。

组织美学主题的讨论和活动，可以引导学生深入思考和表达对英语文化的理解和感悟。通过诗歌朗诵、戏剧表演、文化讲座等活动，学生可以在实践中感受英语文化的魅力。这些活动可以激发学生的兴趣和创造力，帮助他们更积极地参与英语学习和文化体验。

4. 结合课程内容进行美学渗透。

结合课程内容，将美学内容渗透到英语教学中，可以让学生更深入地理解和感受课程内容。例如，在讲述某个历史事件或社会现象时，可以引入相关的艺术作品或文化现象，让学生通过艺术形式的呈现更深入地理解和感受课程内容。通过将美学内容与课程内容相结合，可以增强学生对课程内容的理解和记忆，同时也可以提高他们的审美观和人文素养。

（五）劳动教育育人

通过多种实践活动的设置和实施，英语教学可以有效地促进学生的劳动教育发展，如社会调查。

社会调查是一种重要的实践活动，可以让学生了解社会问题和热点话题的现状、原因和解决方案。通过社会调查，学生可以锻炼自己的调查研究能力和文字表达能力，培养对社会的认知和责任感。在英语教学中，教师可以选取一些社会问题或热点话题，如环境污染、教育问题等，引导学生进行社会调查和报告撰写。教师可以给予适当的指导和反馈，引导学生掌握正确的调查方法和技巧，提高他们的实践能力和劳动技能。

三、初中英语教学中融入生命教育

作为教育的根本和最终目标，生命教育应受到教师的关注。教与学的过程可以对学生的身心发展产生积极影响。在教学中，教师应让学生理解生命的意义和价值，并享受生命，以提升学生的生命质量。这是教育的核心价值观和教师的最高追求。初中英语教材基于生活任务的语言教学模式，选取的话题具有时代感，图文并茂，贴近学生生活，注重交际功能。英语教师可以挖掘教材中蕴含的生命教育资源，通过创设接近实际生活的各种语境，采用生活化的语言实践活动，培养学生用英语完成任务的能力，了解不同文化背景下人们的生活方式和价值观念。这样，学生可以有机会体验和认识生命，并尊重、热爱和珍惜生命。

（一）选用生命教育素材，确立生命教育目标

在备课过程中，我充分研读教材，努力发掘教材中蕴含的生命教育元素，分析并确定每一课时的生命教育目标。

预备课时是七年级上册的三个单元，旨在帮助学生适应新学段、新学校和全新的生活节奏。因此，我将这段衔接课时的生命教育目标确定为：感受自身在英语学习上的新变化，思考如何适应初中英语学习，并适应新学校的生活。希望学生能够体会到生活的变化和丰富，让生命因迎接挑战而更加精彩。

第一单元是自我介绍的话题，学生通过学习实践，可以更快地认识新同学和结交新朋友。结交新朋友有助于学生适应新环境，向朋友及时倾诉可以缓解成长中的不适和烦恼。结合本单元的教学目标，我将第一单元的生命教育目标确定为：积极自我介绍，主动结交新朋友，并牢记朋友的联系方式。这个目标旨在让学生明白，良好的人际关系从主动认识新朋友开始，并通过时时联系和交流来加深友谊。

七年级上册第三单元和第四单元的话题围绕失物寻物，与学生生活习惯相关。学生通过角色扮演的口语练习，可以体验到不良生活习惯的弊端。因此，我把这两个单元的生命教育目标设定为：勇于承担不良习惯带来的后果，并努力优化自己的生活习惯，有序摆放生活和学习用品，自己的事情自己做。在第四单元的 2b 文章中，我还增设了一个目标：坦然接纳自己的不完美。文章中的 Kate 和 Gina 姐妹俩生活习惯截然不同，一个生活有序，一个东西乱放，但附图上却是一对笑意盈盈的姐妹花。这表明，姐妹俩的感情丝毫不受生活习惯的影响，依然十分深厚。通过学习，学生将意识到即使不完美，人生仍然会拥有无条件爱着自己的人。

初中英语教材涵盖广泛的话题，包括学校、家庭、网络、自然保护、健康生活方式、自然灾害、交通安全、慈善活动等方面。这些课文内容与学生个体、学生与他人、学生与社会等方面紧密相连。只要认真钻研，用心发掘，联系学生的实际生活，我们就能找到恰当的生命教育的切入点。

（二）设计生命教育活动，丰富生命教育认知

作为语言交流的工具，英语课堂可以设计多种形式的学习活动，以促进学生之间的交流和合作，从而形成良好的人际关系。在七年级上册第五单元和第六单元的教学中，我设计了学生调查和分享班内同学所拥有的物品和饮食喜好的任务。通过完成任务，学生加强了相互交流和合作，从而建立了人际联系，打破了个人孤立。他们不仅学习了语言技能，还了解了每个人的兴趣爱好和饮食偏好，更全面地了解了彼此。然后我设计了几个讨论问题，以引导学生发现健康的生活方式、了解每个人的生活都有自己的特点以及如何说话才能受人欢迎。通过讨论，学生可以发现生命的多样性和独特性，并认

识到每个人身上都有自己的特点和价值。

在七年级上册第七单元的教学中，我设计了商品拍卖环节，让学生扮演销售员和顾客的角色。在讨价还价的过程中，学生努力地表达自己的立场。针对这一环节，我提出了几个问题供学生讨论，如为什么销售员要卖得这么便宜、能赚多少钱、如果卖不出去会有什么感受以及买了打折商品会有什么感受等。通过讨论，学生可以感受到销售员和顾客的不同心情，从而更好地理解生活的艰辛和幸福。

通过这些课堂活动和问题讨论，学生可以正确认识自己，悦纳自己，学会与人相处，适应环境，并认识到生命的本质。同时，这些活动也可以培养学生的共情能力、包容心和人文关怀。

（三）优化生命教育体验，增加生命教育关怀

在开展初中英语课堂教学活动时，我密切关注课堂生成和学生体验，努力提供及时的包容和支持，指导学生在人际活动中获得有质量的生命关怀。

现用的初中英语教材采用生活任务学习模式编写，因此学生的课堂学习活动实践性很强，要求学生之间有很强的互动。然而，现在的孩子大多是独生子女，自我意识较强，不善于关爱别人。在互动学习活动中，由于学生自身学习水平和任务完成质量的差异，经常会出现负向反馈。当学习内容与某些学生现实生活高度相关时，这些学生可能会遇到困难，产生不良情绪。因此，我在课堂教学中时刻关注课堂生成和学生体验，为学生提供温暖关怀。

例如，在七年级下册第二单元“你什么时候去上学”的文本中，讨论谁更健康、为什么以及生活习惯等问题时，很多同学提到了班上一位较胖的同学 C。当提到不良的生活习惯时，这位同学 C 经常被提起，他本人明显不悦，但并未明确表达出来。其他喊出他名字的同学也没意识到他们已经对 C 造成了困扰。这种情况会影响到学生之间的人际交往和学习情感。因此，当课堂出现这种情况时，我当即增设了话题讨论：1. 你想和谁做朋友？为什么？ 2. 当朋友不高兴时，你怎么帮助她 / 他？通过对这些问题的讨论，我引导学生反思他们之前对 C 的行为，并提出问题：当我们做错事时应该怎么办？学生很自然地向 C 同学表达了歉意，C 同学的神情很快由阴转晴。

在八年级下册第三单元“请你打扫你的房间”和九年级上册第七单元“青少年应该被允许选择自己的衣服”课上，单元话题围绕青少年是否需要做家务和能否有自主决定权的问题展开，很容易激起学生的共鸣。在这期间，在家中没有话语权的学生在课堂活动中会比较激动，有的会很愤慨地喊：“没用的，无论怎样父母都不会听我的！”这些情绪很容易使课堂正在进行的学习活动偏离主题，阻碍学习目标的实现。如果强制性地约束学生回归学习活动，就会忽视学生的真实感受，回避与学生的情感交流，不利于师生良好关系的构建。于是我抛出了这样的问题：1. 你如何与父母沟通？ 2. 为了让父母相信你已经长大并能够做出明智的决定，你为他们做了什么？引导学生通过问题讨论了解达成良好沟通的注意事项：在轻松状态下沟通，注意控制情绪和方式方法。并促使学生意识到：作为中学生，应该担负起自己力所能及的家庭责任，为父母分忧，用实际行动证实自己的成长，从而赢得自主决定权。爱争执、吵架、乱发脾气的人是不会得到他人的认可的。

通过课堂学习活动，学生在合作学习中体验着各种真情实感，老师的及时引导和支持也会让学生感受到温暖和包容，同时在彼此接纳、诉说、倾听中逐渐形成尊重他人的品质，并在互助支持、陪伴和激励中共同解决问题，领悟到生命与生命之间的紧密联系。

（四）设计生命教育作业，秉承生命教育理念

英语教师在布置课后作业时，除了选用现有的语言技能知识训练外，还根据学生的个人经验、学习兴趣、知识水平、理解能力和现有条件设计了实践作业，如让学生“当个负责任的小老师”，将自己已经熟练掌握的知识点讲给不懂的小伙伴；“麦霸是我”，学唱英文歌并当众演唱；“我是小编剧”，创编并录制英语短剧小视频在班级群内分享；绘制思维导图；阅读绘本并讲解；等等。当学生展示作业时，我没有用水平评判式评价，因为无论学生最后呈现出哪种水准的作品，都一定会有很多不完美。即便如此，他们在完成作业的过程中，一定是有所投入的。作为老师，我努力去看到他们的这份投入并如实反映出来，就可以让学生感受到他的付出得到了尊重，我觉得，这个比任何分数或者等次都重要。

龚亚夫曾表示："核心素养直指教育的真实目的——育人。我们的英语课堂，应该关注并坚持学生英语核心素养的培养。"促进人的生命发展是教书育人的根本价值和终极目标。指向生命教育的英语课堂以促进学生形成健全人格和提高学生生命质量为教学目标，是符合人的生命发展规律的教育。生命教育应该成为"核心素养"下的重要教育理念，不仅要教会青少年珍爱生命，更要启发青少年完整理解生命的意义，积极创造生命的价值；不仅要告诉青少年关注自身生命，更要帮助青少年关注、尊重、热爱他人的生命；不仅要让青少年认识到这是惠泽人类的教育，还应该让青少年明白自己与其他生命的物种和谐地生存在一片蓝天下！

学生作品：From Silence to Sound— The History of Movie Sound

From Silence to Sound

— The History of Movie Sound

By Dora Yang, Chloe Luo, Johnny Liu, Thomas Yang

Chapter 1. The movie of silence

——Silent film is a film without any dubbing, music or sound coordinated with the picture. Silent film technology was invented around 1860.

In the period of silent film, the cinema always has music accompaniment, or plays records, or invites the orchestra to play the music in the film.

The first silent film in the world was born in France. The age of silent film was 1895-1920. In 1895, the Miluer brothers in France showed the first film *Watering the Gardener*. A little boy stepped on the rubber pipe of the gardener to tease the gardener, which brought people laughter.

Since then, the great history of silence movie began. During this time, most of the silent movies are comedy and were mostly impromptu. The characters in the movies act exaggerated and the stories were often uncomplicated and concise.

The first film in China was *Dingjun Mountain*, directed on December 28,

1905. It was shot in Fengtai photo studio, Beijing. The movie lasted only 30 minutes. From then on, China set up its early movie industry. And 1905 is also recognized as the birth year of Chinese film.

Although the movies without sound are boring, there were still a group of artists lighted up the sky of silence films, for example, Merleau, Griffith, Chaplin, Eisenstein, Rene Clare, Maunault, etc. These movie artists have built up a set of mature image montage art.

Charlie Chaplin, a famous comedian in the eighteenth century, was also a founder of silence movie. He appeared in many films such as: *the Gold Rush*, *Modern Times and City Lights*. He used exaggerated body language and rich expression in order to express his feelings and tell the stories to the audience.

During 1914 to 1923, silence movie reached its peak and gave Chaplin a lot of great achievements.

The decline of silent films started at the end of the last century's great depression in the late 20s, while the sound films began to rise, and silent films began to decline. In the 1930s, sound movies gradually entered a good stage, and reached its peak in 1946 after the end of World War II. Since then, silent movies only exist in people's memories.

Charlie Chaplin

Charles Spencer Chaplin was born in London, England, on April 16th, 1889. His father was a versatile vocalist and actor ; and his mother, known under the stage name of Lily Harley, was an attractive actress and singer, who gained a reputation for her work in the light opera field.

Charlie was thrown on his own resources before he reached the age of ten as the early death of his father and the subsequent illness of his mother made it necessary for Charlie and his brother, Sydney, to fend for themselves.

When he was about twelve, he got his first chance to act in a legitimate stage show, and appeared as Billy the page boy, in support of first H. A. Saintsbury and then William Gillette in different productions of *Sherlock Holmes*. At the close of this engagement, Charlie started a career as a comedian in vaudeville, which eventually took him to the United States in 1910 as a featured player with the Fred Karno Repertoire Company. [1]

Chapter 2. From silence to sound

As the movie industry develops, the technology of filming is developing, too. On August 27th, 1910, American inventor Thomas Edison announced his new invention–sound movie, on which he spent 2 years. The movie camera he invented could record both sound and image at the same time and keep them on one film. This was a great creation for the movie industry. It built up the foundation of sound movies.

In fact, the very beginning of sound movie wasn't as successful as we imagine. Most of the movie companies didn't look good at it, and some people thought that the fascination of movie lies on its silence.

Though it was a tough time, in 1927, the movie *The Jazz Singer* marked the start of the age of sound movie. When the main character suddenly spoke, the audience were greatly shocked. It was a great success. From then on, movie began to change from silence to sound.

Chapter 3. Sound movie

With the development of technology in the late 1800s, sound movies became possible. However, as an unknown and obscure branch sprouting in the giant family tree of the movie industry, the movie market was worried massive productions of sound movies may make them lose their inherent audiences. Therefore, the promising future of sound movies became nearly eliminated.

But there was a company that was willing to risk the price. Warner Bros. Entertainment, the world's largest movie and television entertainment production company, was at the point of breaking in the late 1800s. So, putting their stakes on sound movies, they shot the first-ever sound movie, *The Jazz Singer*, released in Paris in 1900.[2]

The result was instantaneous. The audience loved this sound movie. Eager to grab some profits in this new novelty, the other movie company scrambled to produce more movies like this, which eventually open the booming prosperity of sound movies.

Sound films were originally made on wax discs. When a film is taken, sound is converted into sonic waves by a recording device. The sonic waves then form scratches on the wax plate. The stronger the sound waves, the deeper the scratches. As the projector rotates to project a film, the wax disc rotates in sync with the projector and emits sound through a loudspeaker. This technology was invented in 1894 and was brought to Shanghai, which was currently under the regime of Chinese Nationalist Party, in 1914. The first wax disc sound film in China was *Singing Girl Red Peony*, released in March 15th, 1931.[3]

The making of a sound movie is quite to understand. The actors and actresses first had to record their voices in the form of soundtracks, then combined the auditory parts with the visual one. As time passed by, people began to shot scenes and the record soundtracks simultaneously. With the invention of sound movies, silent movies and the musicians who used to play musicals in the cinema to hyphen the atmosphere soon disappeared.[4]

Chapter 4.Music in the movie

Music plays an important role in the movie industry.

In the silent film era, film music were used to exaggerate the atmosphere. When there's a sad clip, the score could be slow and performed by the cello that its low, deep sound can give your heart a big hit and make you feel the atmosphere of sadness.

When there comes a happy clip, you probably will hear a light, fast score performed by the violin or the piano in major.

If there's a nervous clip, there will be a transient score played by the piano in minor. You can see that music is very important to help you feel the atmosphere of the clips of the movies.

As time goes by, the film industry has developed a lot, the same goes for film music. At the beginning, the composers composed the music by pen and paper, which took a lot of time. But now, composers use computers to compose their music, they only need a midi keyboard to simulate the timbre of various instruments and a composing app to arrange the score, and they can finish all their works. Needless to say, that's a huge convenience.

But that's not the only difference between the old time and nowadays. There's also big difference on the content of the film music. For example, scores from the old movies usually use a traditional orchestra to perform. And now, composers use electronic instruments more often. Many famous movies like *Blade Runner* 2049, *Tron* and *Inception* used a lot of electronic instruments to perform the scores. On the other hand, old film music not only focused on the integrating degree on the clips, but also on the rhythm. Old film music had beautiful themes that were easily remembered most of the time. Some people didn't watch these movies before, but they could hum the themes whenever they wanted, and that's a successful film music. I have seen a documentary before which talked about great film music composers. One of the composers would follow the audiences who went to the toilet after the film was shown and listened if they were humming the theme of the film. Luckily, he succeed most of the time.

Modern films sometimes do not have a music that sounds beautiful. They focus on the integrating degree more than before. But that doesn't mean they are shoddy, a high fit score will make audiences feel more sense of substitution. The best example of this are the scores of horror movies. Themes from *Dead Silence*, *X Files* and *Halloween* are all very famous. Are they beautiful and relaxing? Of course not! But everyone knows them, and they really exaggerated the atmosphere well. Brief and scary minors keep playing, sometimes not only the clips frightened the audiences, but also the music. If the score did that, then it's a successful and high-quality film music.

In conclusion, the use of film music is to make the film more attractive to the audience. A film without music is like a course without seasoning. They are inextricably linked.

References:

1. https://www.charliechaplin.com/en/articles/21-Overview-of-His-Life

Films: The Circus, City Lights （1931）, Modern Times （1936）, Limelight

2. https://zh.wikipedia.org/wiki/%E7%94%B5%E5%BD%B1%E5%8F%B2

3. https://zh.wikipedia.org/wiki/%E6%9C%89%E5%A3%B0%E7%94%B5%E5%BD%B1

4. https://zh.wikipedia.org/wiki/

Appendix

1. Songs: Mesa

Tron Legacy

Halloween Theme

2. Videos: Modern Times （1936）

The Great Dictator（1940）

City Light（1931）

参考文献

[1] 冉新义 . 混合式学习的理论与应用研究 [M]. 厦门：厦门大学出版社，2018.

[2] 弗劳尔・达比，詹姆斯・M. 朗 . 如何设计线上教学细节 [M]. 黄程雅淑，译 . 北京：中国青年出版社，2022.

[3] 宋建勇 . 高校英语任务型教学与评价研究 [M]. 西安：西安交通大学出版社，2017.

[4] 迈克尔・霍恩，希瑟・斯特克 . 混合式学习——用颠覆式创新推动教育革命 [M]. 聂风华，徐铁英，译 . 北京：机械工业出版社，2015.

[5] 中华人民共和国教育部 . 义务教育英语课程标准（2022 年版）[M]. 北京：北京师范大学出版社，2022.

[6] 王楠 . 在线学习活动设计 [M]. 北京：北京邮电大学出版社，2019.

[7] 张治等 . 教育信息化 [M]. 上海：上海教育出版社，2018.

[8] 马志强 . 在线学习评价研究与发展 [M]. 北京：中国社会科学出版社，2017.

[9] 孟祥宇，全江涛 . 在线学习的方法与实践 [M]. 北京：电子工业出版社，2017.

[10] 孙淑红 . 基于 ADDIE 模型的初中英语语法混合式教学设计 [J]. 山东教育，2022（42）：24–27.

[11] 徐少芳 . 初中英语线上线下混合式教学模式研究 [J]. 英语教师，2022，22（22）：129–132.

[12] 盛建清 . 初中英语线上线下混合式教学策略 [J]. 名师在线，2022（33）：76–78.

[13] 王丽坤 . 线上线下混合式课程资源在初中英语教学中的应用 [J]. 中小学信息技术教育，2022（11）：84–85.

[14] 谈德欢 . 指向预测策略应用的混合式英语阅读教学实践——以译林版初中英语七年级上册 Unit 3 “Welcome to our school.” Reading 板块的教学为

例 [J]. 校园英语，2022（37）：96–98.

[15] 李玲，周纪荣 . 互联网背景下初中英语混合式教学的实践研究 [J]. 中学生英语，2022（32）：7–8.

[16] 孙玉华 . 混合式教学模式在初中英语教学中的应用 [J]. 校园英语，2022（32）：108–110.

[17] 蔡瑞华 . “互联网 +”背景下数字化课程资源支撑混合式初中英语教学模式的实践研究 [J]. 英语教师，2022，22（15）：36–40.

[18] 徐凤芝 . 混合式学习下的初中英语教学策略 [J]. 天津教育，2022（18）：79–81.

[19] 叶敏 . 混合式教学理念下初中英语整本书阅读教学研究 [J]. 校园英语，2022（24）：3–6.

[20] 陈静 . 基于翻转课堂的初中英语混合式教学模式探索 [J]. 校园英语，2022（23）：13–15.

[21] 胡碧红 . 初中英语线上线下混合式教学探究——以牛津版初中《英语》九年级 Unit 6 宾语从句复习课为例 [J]. 英语教师，2022，22（10）：153–157.

[22] 孙瑛 . 初中英语实施混合式慕课教学模式的成效、问题与策略研究 [J]. 校园英语，2022（06）：55–57.

[23] 黄金月 . 建构主义视角下初中英语混合式教学探讨——以初中英语阅读课为例 [J]. 中学教学参考，2021（34）：24–27.

[24] 王硕，杨琳 . 如何在初中英语教学中引用趣味教学 [J]. 中学生英语，2021（44）：110.

[25] 陈红红 . 线上线下混合式教学在初中英语教学中的实践研究 [J]. 教学管理与教育研究，2023（16）：103–105.

[26] 王瑛 . “线上 + 线下”混合式教学模式在初中英语教学中的应用 [J]. 学周刊，2023（26）：118–120.

[27] 孙旸 . 基于混合式教学的初中英语语法教学实践研究 [J]. 英语学习，2023（06）：35–39.

[28] 刘月清 . 融合 336 模式的初中英语线上线下混合式教学实践 [J]. 天津教育，2023（12）：123–125.

[29] 朱霞 . 混合式学习背景下信息技术与初中英语教学有效整合的策略 [J]. 校园英语，2023（15）：181–183.

[30] 尚可珺 . 混合式教学模式对初中生英语学习策略的影响——基于“双减”背景的分析 [J]. 英语教师，2023，23（06）：85–89.

[31] 桂明珠 . 试析混合式教学模式在初中英语阅读课上的实践应用——以“微视频”+“对分课堂”为切入点 [J]. 英语教师，2023，23（02）：111–114.

[32] 王国庆 . 初中英语线上线下混合式教学策略探究 [J]. 基础教育论坛，2023（01）：27–29.

[33] 孙宝婵 . 线上线下混合式教学助力信息技术与英语阅读教学深度融合 [J]. 新课程导学，2022（35）：25–28.

[34] 张丑川 . 初中英语教学构建智能化课堂的策略分析 [J]. 中国新通信，2023，25（01）：191–193.

[35] 吴琼 . 智能化工具在英语教学中的赏识辅助 [J]. 中国新通信，2021，23（14）：225–226.

[36] 程花 . 初中英语信息化教学如何开展 [J]. 科学咨询（教育科研），2020（12）：205–206.

[37] 张爽，张辉 . 智能化教育环境的研究与构建 [J]. 电子教育研究，2017（9）：36–39.

[38] 刘洁，陈颖 . 智能化教育在英语教学中的应用研究 [J]. 现代远程教育研究，2018（4）：34–38.

[39] 王涛，李明 . 智能化教育中的学习评估方法研究 [J]. 现代教育管理，2019（7）：60–64.